isbn 2-908894-58-0

6, rue Deguerry
75011 Paris
Tél : 01 40 21 35 42

jouets en bois
de 2 à 8 ans

Myriam Descamps
photographies de Julien Clapot

l'inédite

table des matières

5	•	matériel nécessaire	
7	•	puzzles à encastrer :	généralités
8	•		animaux domestiques
12	•		animaux sauvages
16	•		animaux marins
20	•		animaux de la ferme
24	•	puzzles cadres :	ourson
28	•		clown
32	•	puzzles à emboîter :	ours
34	•		éléphant
36	•		clown
40	•	animaux à tirer :	canard
44	•		éléphant
48	•		chien
52	•		vache
56	•	berceau de poupée	
60	•	camion	
66	•	ferme	
74	•	château fort	
82	•	cheval à bascule	

matériel nécessaire

dans les magasins de bricolage

- **le bois :** contreplaqué et pin, que vous faites découper aux dimensions indiquées au début de chaque chapitre.

Pour le contreplaqué, on utilise généralement du 10 mm d'épaisseur et parfois du 5 mm ou du 3 mm.

Pour le pin, on utilise du 18 mm d'épaisseur.

Baguettes de bois de section 10 x 10 mm, des tourillons de 6 mm et de 24 mm de diamètre.

- **martyre :** planche qui servira à protéger votre plan de travail quand vous percerez vos pièces.

- **6 petits serre-joints :** ils serviront à l'assemblage des puzzles.

- **1 grand serre-joint :** il servira à fixer les planches de pin au plan de travail pour effectuer la découpe du cheval à bascule.

- **scie :** utilisez une scie à chantourner électrique qui permettra les découpages très fins notamment pour les puzzles. Si possible, choisissez-la munie d'un système maintenant la pièce, qui lui évite de tressauter pendant la découpe.

Utilisez des lames très fines, n° 7, et ayant une double denture avec une partie orientée vers le bas et une autre vers le haut qui assure une découpe de qualité aussi bien sur l'endroit que sur l'envers de la pièce. Elles se vendent par correspondance chez Hegner

- **tournevis cruciforme**

- **vis à tête cruciforme :** des vis de 3 x 20 mm pour les animaux à tirer et le camion, des vis de 5 x 50 mm pour le cheval à bascule.

- **perceuse électrique et mèches :** 6 mèches de diamètre : 1,5, 3, 5, 6, 7 et 24 mm.

- **scies cloche** de diamètre 29 et 51 mm.

- **fraise** de 3 mm.

- **vrille :** diamètre 2 mm.

- **marteau**

- **clous :** clous sans tête de 0,9 x 12 mm et de 1,1 x 16 mm.

- **charnières :** 13 x 9 et 25 x 13 mm pour la ferme.

- **maillet :** pour le montage du cheval à bascule.

- **crochets ronds à visser :** pour les animaux à tirer.

- **cordelette :** pour les animaux à tirer et pour le château fort.

- **colle à bois à prise rapide**

- **papier de verre :** moyen n°80 et très fin n°120.

- **vernis acrylique :** aux normes jouets EN 71-3 : incolore, Syntilor, 3V3.

- **pinceaux brosse :** choisissez une brosse d'environ 2,5 cm de large pour les surfaces les plus importantes et de 1 cm de large pour les surfaces plus petites.

- **pinceaux ronds :** choisissez un pinceau très fin n°0 pour les détails et un autre plus gros n°2.

- **peinture acrylique :** aux normes européennes du jouet EN 71-3, elle est obligatoire pour les puzzles et pour les jouets destinés aux tout petits : rouge
  jaune
  bleu
  blanc
  noir

Il en existe de 2 marques :

Hegner : vente par correspondance et sur les salons des loisirs créatifs
Color & Co de Lefranc & Bourgeois.

les objets usuels

- pots de bébé : pour le mélange des couleurs. Cela permet de les conserver à l'abri de l'air et de pouvoir s'en resservir.

- récipient en verre ou en plastique : pour l'eau.

- crayon de papier HB.

- règle.

- papier calque.

- papier absorbant : pour essuyer les pinceaux.

- papier journal : pour protéger le plan de travail.

quelques conseils

- **scie à chantourner :** vérifiez la tension de la lame à chaque fois, en particulier lors de la découpe des puzzles. Si la lame n'est pas suffisamment tendue elle sciera de biais et les parties du puzzle ne pourront s'assembler que dans un sens (vous ne pourrez pas le faire coulisser d'avant en arrière et vis versa).

- **installation :** utilisez un martyre (planche de récupération) pour protéger votre plan de travail quand vous avez à percer, notamment avec la scie cloche.

- **pinceaux :** rincez-les souvent pour éviter un mélange de couleurs et ne les laissez pas dans le pot d'eau pour éviter qu'ils se déforment.

puzzles à encastrer

matériel nécessaire

- planchettes de contreplaqué de 10 mm d'épaisseur
- papier calque
- scie à chantourner électrique
- perceuse
- mèche de 1,5 mm et de 6 mm de diamètre
- petit marteau
- colle à bois à prise rapide
- 6 petits serre-joints
- tourillons de 2 cm de longueur et de 6 mm de diamètre
- papier de verre n° 80 et n° 120
- peinture acrylique spéciale jouet : rouge, bleu, blanc, noir, jaune
- vernis acrylique spécial jouet : incolore
- 1 pinceau brosse de 2,5 cm de large
- 2 pinceaux ronds n° 0 et n° 2

1. préparation

Photocopiez et décalquez le gabarit.
Reproduisez le calque sur l'une des planchettes de contreplaqué.

2. découpe du puzzle

Utilisez une perceuse et une mèche de 1,5 mm pour percer aux endroits indiqués par un point sur le gabarit afin de pouvoir passer la lame de la scie à chantourner.
Découpez chaque animal en respectant bien le contour.
À l'aide de la mèche de 6 mm de diamètre, percez chaque figurine en son milieu comme l'indique le gabarit en prenant soin de n'entamer la planchette que sur la moitié de son épaisseur, soit 5 mm.
Collez avec la colle à bois les tourillons dans les trous ainsi réalisés. Si nécessaire, utilisez un petit marteau pour les enfoncer.
Poncez les figurines à l'aide du papier de verre fin n°120.
Poncez également la planchette découpée et celle non encore utilisée au papier de verre n° 80 puis n°120.

3. peinture

étape 1
À l'aide du pinceau brosse de 2,5 cm, vernissez le verso de la planchette découpée et l'une des faces de l'autre planche.
Laissez sécher puis passez un papier de verre n°120 afin que la surface soit bien lisse.
Passez une seconde couche de vernis.

étape 2
À l'aide du pinceau rond n°2, peignez le verso de chaque figurine ainsi que le tourillon avec la peinture blanche. Laissez sécher et passez un papier de verre n° 120.

finition

Sur le recto de la planchette découpée, étalez de la colle à bois.
Posez-la sur la face vernie de l'autre planchette de manière à ce que les bords coïncident parfaitement.
Assemblez-les avec les serre-joints, enlevez le surplus de colle et laissez sécher.
Enlevez les serre-joints et peignez la tranche du puzzle.
Replacez les figurines : elles doivent s'encastrer et se retirer facilement.
Si ce n'est pas le cas passez un papier de verre n° 120 sur la tranche.

animaux domestiques

matériel nécessaire

- planchettes de contreplaqué :
  2 de 21 x 30 cm et de 10 mm d'épaisseur

1. réalisation

Se reporter à la page 7 pour la fabrication des encastrements.

2. peinture

le chien

Faites un orangé en ajoutant une pointe de rouge au jaune.

+ =

Peignez le chien et le tourillon.
Laissez sécher puis utilisez du noir pour les détails et le dos.

le perroquet

Utilisez du jaune pour le bout du bec et le corps.
Pour la queue, faites un vert clair en ajoutant une pointe de bleu au jaune.

+ =

Pour la tête, faites un orange en mélangeant du jaune et du rouge.

+ =

Pour les pattes, ajoutez une pointe de noir au blanc.

+ =

Terminez le bec avec du rouge puis du blanc.
Peignez l'œil en noir puis faites en le contour en blanc.

Terminez par les détails des plumes avec un pinceau n° 0.

la tortue

Ajoutez une pointe de rouge au jaune pour obtenir une teinte orangée et peignez la surface de la pièce.

+ =

Ajoutez une pointe de noir pour faire les reflets de la carapace, la tête et les pattes.

+ =

Terminez par les détails en noir à l'aide d'un pinceau n° 0.

le chat

Peignez la totalité de la surface en blanc et laissez sécher.
Ajoutez une touche de noir au blanc pour obtenir du gris et peignez le haut de la tête, le dos et la queue.

+ =

Terminez les détails : le contour des pattes, de l'œil, le nez et les moustaches en noir, l'œil en vert clair (du jaune avec une pointe de bleu), le bout du nez en rose (du blanc avec une pointe de rouge).

le poisson

Ajoutez une pointe de jaune au rouge pour obtenir un orange soutenu et peignez la totalité de la surface.

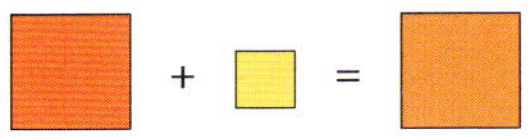

Peignez les détails avec du jaune et l'œil en noir.

le hamster

Peignez la totalité de la surface en blanc et laissez sécher.
Mélangez du jaune et du rouge pour obtenir un orangé vif et peignez une partie du corps et de la tête en ajoutant à certains endroits une touche de jaune ou de noir pour obtenir des dégradés.

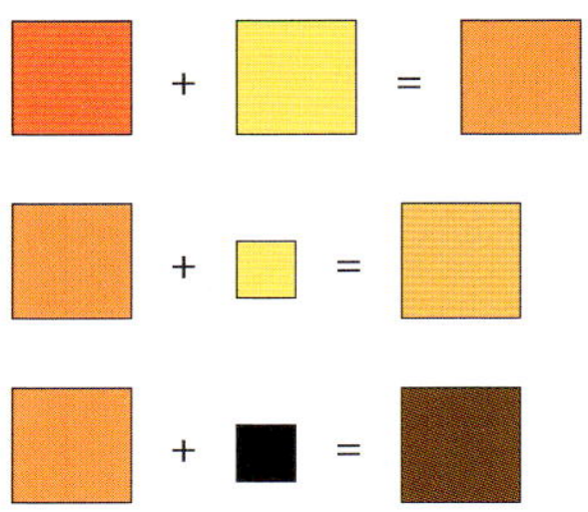

Terminez par les détails,
le contour des pattes,
les moustaches, l'œil en noir,
le contour de l'œil en blanc,
le bout du nez en rose.

finition

Peignez en rouge la tranche du puzzle.

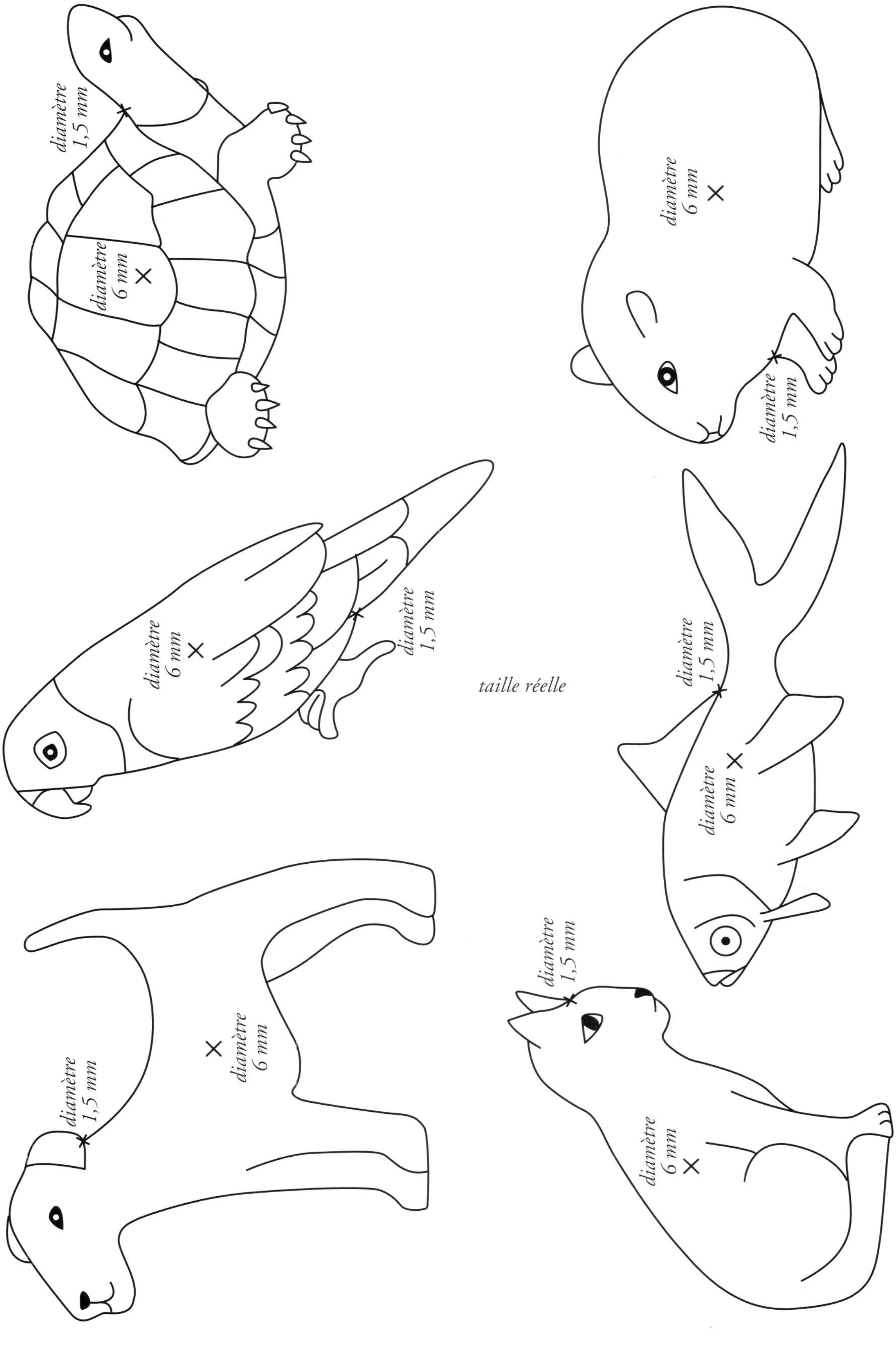
diamètre
1,5 mm
diamètre
6 mm
diamètre
6 mm
diamètre
1,5 mm
diamètre
6 mm
diamètre
1,5 mm
taille réelle
diamètre
1,5 mm
diamètre
6 mm
diamètre
1,5 mm
diamètre
6 mm
diamètre
1,5 mm
diamètre
6 mm

animaux sauvages

matériel nécessaire

- planchettes de contreplaqué :
  2 de 35 x 19 cm et de 10 mm d'épaisseur

1. réalisation

Se reporter à la page 7 pour la fabrication des encastrements.

2. peinture

l'éléphant

Ajoutez une pointe de noir au blanc pour obtenir du gris et peignez la totalité de la surface.

Terminez par les détails : avec un pinceau très fin, peignez en noir le contour de l'oreille des pattes, de la queue, et l'œil, et la défense en blanc.

l'ours polaire

Peignez en blanc la surface de la pièce. À l'aide du pinceau n° 0, peignez le contour des pattes, l'œil et le museau en noir.

le zèbre

Peignez en blanc la pièce puis le museau, la crinière et les rayures en noir avec le pinceau rond n° 0.

le chameau

Mélangez du rouge et du jaune pour obtenir de l'orangé.

Peignez les détails en noir.

la girafe

Ajoutez une pointe de jaune au blanc pour obtenir un jaune pâle et peignez la surface de la pièce et laissez sécher.

À l'aide du pinceau n° 0, peignez en noir les contours des pattes, la bouche, les oreilles, l'œil, les sabots, puis les taches de la robe.

finition

Peignez en jaune la tranche du puzzle.

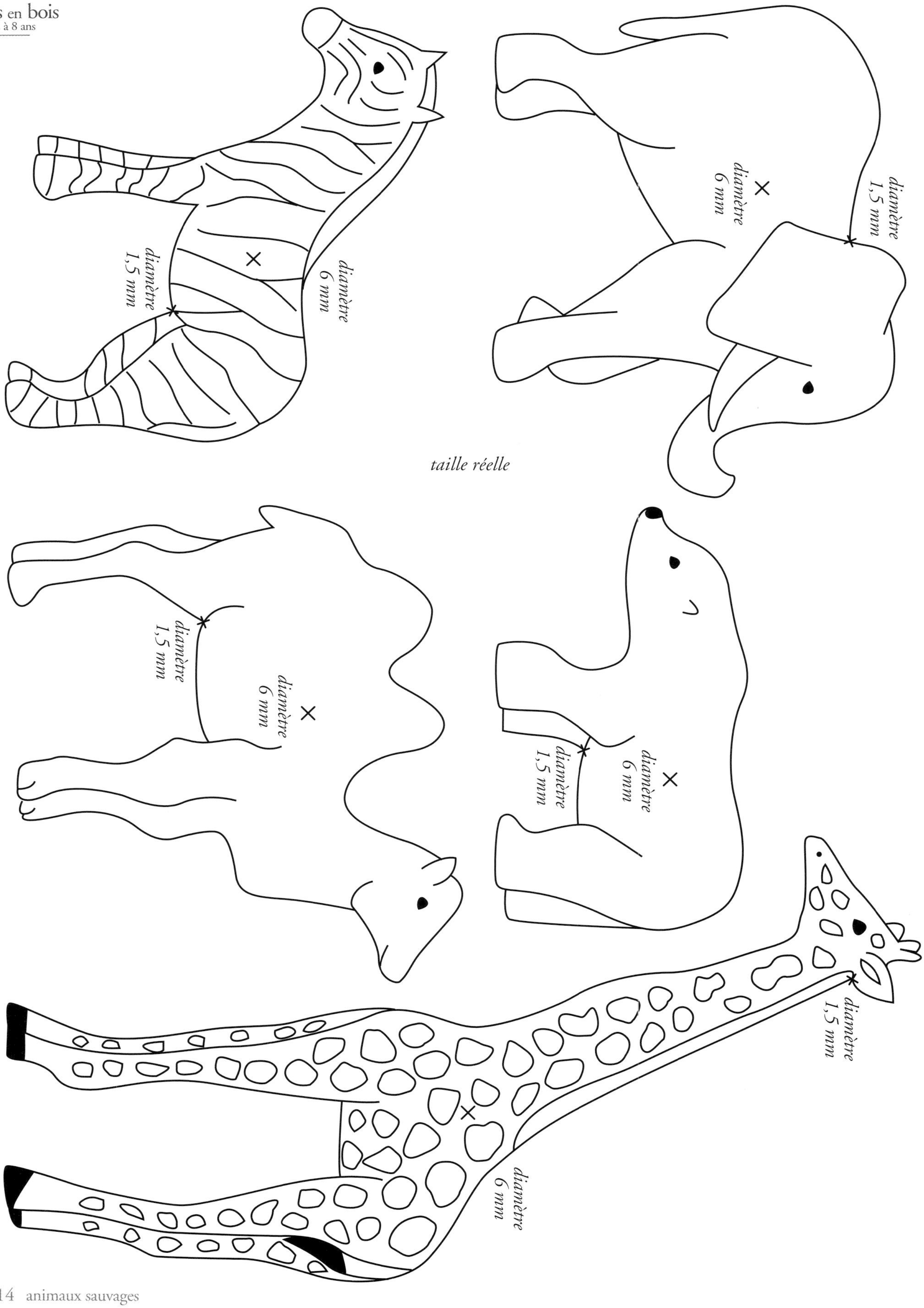

taille réelle

animaux marins

matériel nécessaire

- planchettes de contreplaqué :
  2 de 24,5 x 19 cm et de 10 mm d'épaisseur.

1. réalisation

Se reporter à la page 7 pour la fabrication des encastrements.

2. peinture

le dauphin
Peignez la surface en bleu puis la bouche et l'œil en noir.

la raie
Ajoutez une toute petite pointe de rouge dans le jaune pour obtenir un orangé très clair.

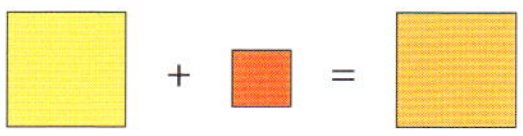

Peignez les détails en noir avec le pinceau n° 0.

le crabe
Ajoutez une pointe de rouge dans le jaune pour obtenir un orangé.

Peignez les détails en noir.

le requin
Ajoutez une pointe de blanc et une pointe de noir au bleu pour obtenir un bleu-gris.

Peignez en noir le contour des nageoires, la bouche et l'œil.

la pieuvre
Mélangez du jaune et du rouge pour obtenir un orange.

Peignez l'œil et les bras en noir.

finition

Peignez en jaune la tranche du puzzle.

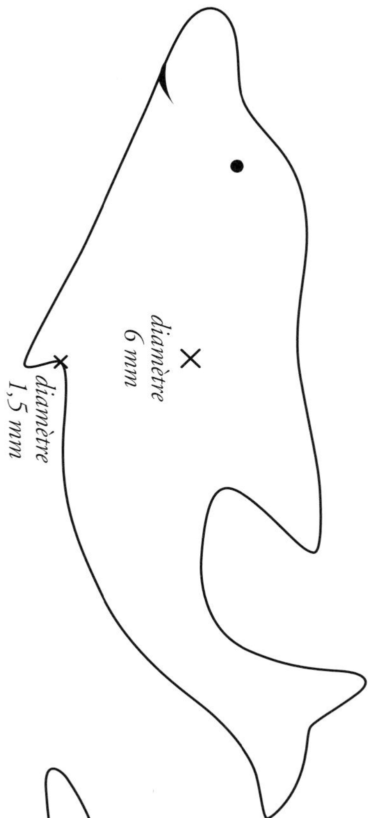

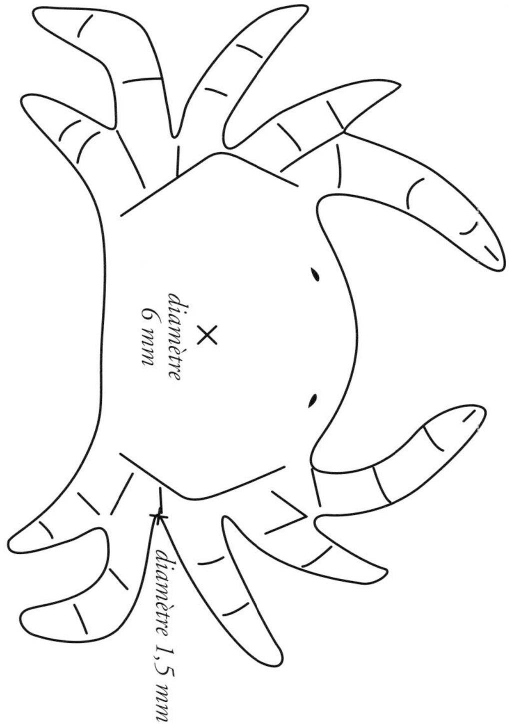

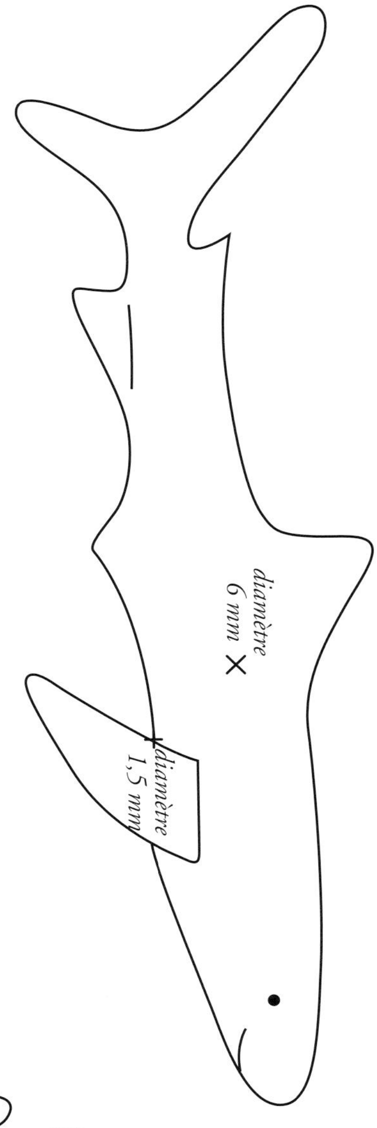

taille réelle

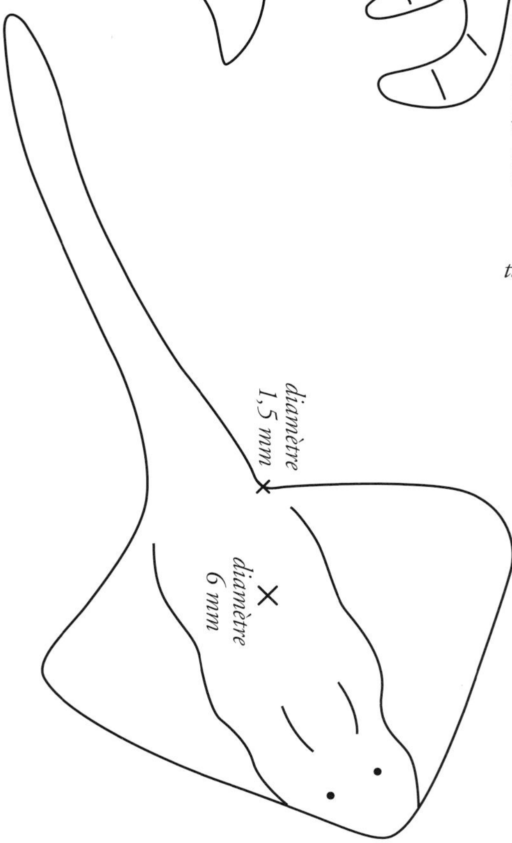

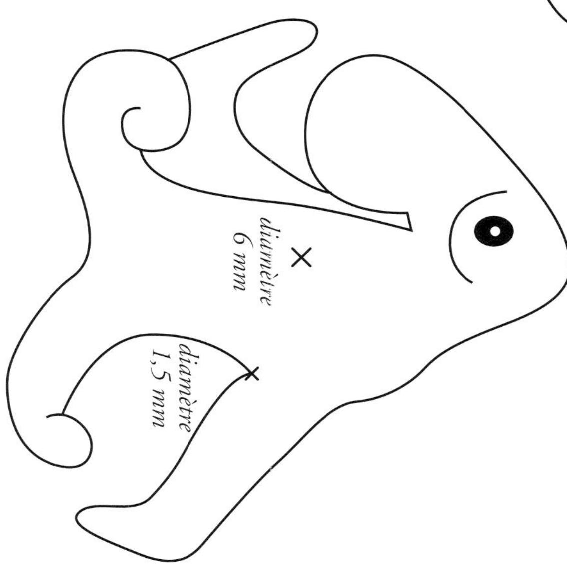

animaux de la ferme

matériel nécessaire

- planchettes de contreplaqué :
  2 de 30 x 21 cm et de 10 mm d'épaisseur

1. réalisation

Se reporter à la page 7 pour la fabrication des encastrements.

2. peinture

le coq

Délimitez à l'aide d'un trait de crayon à peine visible, la collerette, le bec, l'aile, les plumes de la queue.

Peignez le corps en jaune.

Peignez en rouge le bec, la collerette, l'aile, le tourillon et la plume supérieure de la queue

Peignez en bleu, la plume centrale de la queue.

Peignez la dernière plume en orange en ajoutant une pointe de rouge au jaune.

Peignez en noir à l'aide du pinceau n° 0, le contour de la collerette, du bec, de l'aile, de la queue ainsi que l'œil en repassant sur votre premier trait de crayon.

le cochon

Ajoutez une pointe de rouge au blanc pour obtenir du rose.

Peignez le bout des pattes, le contour de la queue, des oreilles, du museau, des pattes et les yeux en noir à l'aide du pinceau n° 0.

le canard

Délimitez par un trait de crayon à peine visible le contour du bec et de l'aile.

Ajoutez une pointe de bleu au jaune pour obtenir du vert et peignez le corps.

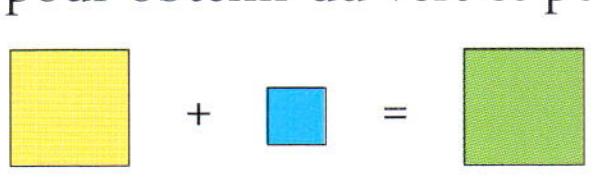

Ajoutez une pointe de rouge au jaune pour obtenir du orange et peignez le bec et l'aile.

Avec le pinceau n° 0, alternez des traits rouges et bleus sur l'aile.

Peignez en noir le contour du bec, de l'aile et l'œil.

la vache

Peignez la vache en blanc.
Peignez en noir, les taches, le bout des pattes, le contour des pattes, des oreilles, de la queue, du museau et les yeux.

Ajoutez une pointe de jaune au blanc pour obtenir du crème et peignez le pis.

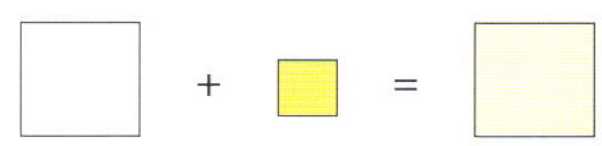

Peignez la touffe de poils de la tête en jaune. Ajoutez une pointe de rouge au jaune pour obtenir du orange et peignez les cornes.

le lapin
Ajoutez une pointe de rouge au jaune pour obtenir du orange et peignez la totalité de la surface.

À l'aide du pinceau n° 0, peignez les contours en noir.

le mouton
Peignez la totalité de la surface en blanc puis les contours en noir.

finition

Peignez la tranche du puzzle en rouge.

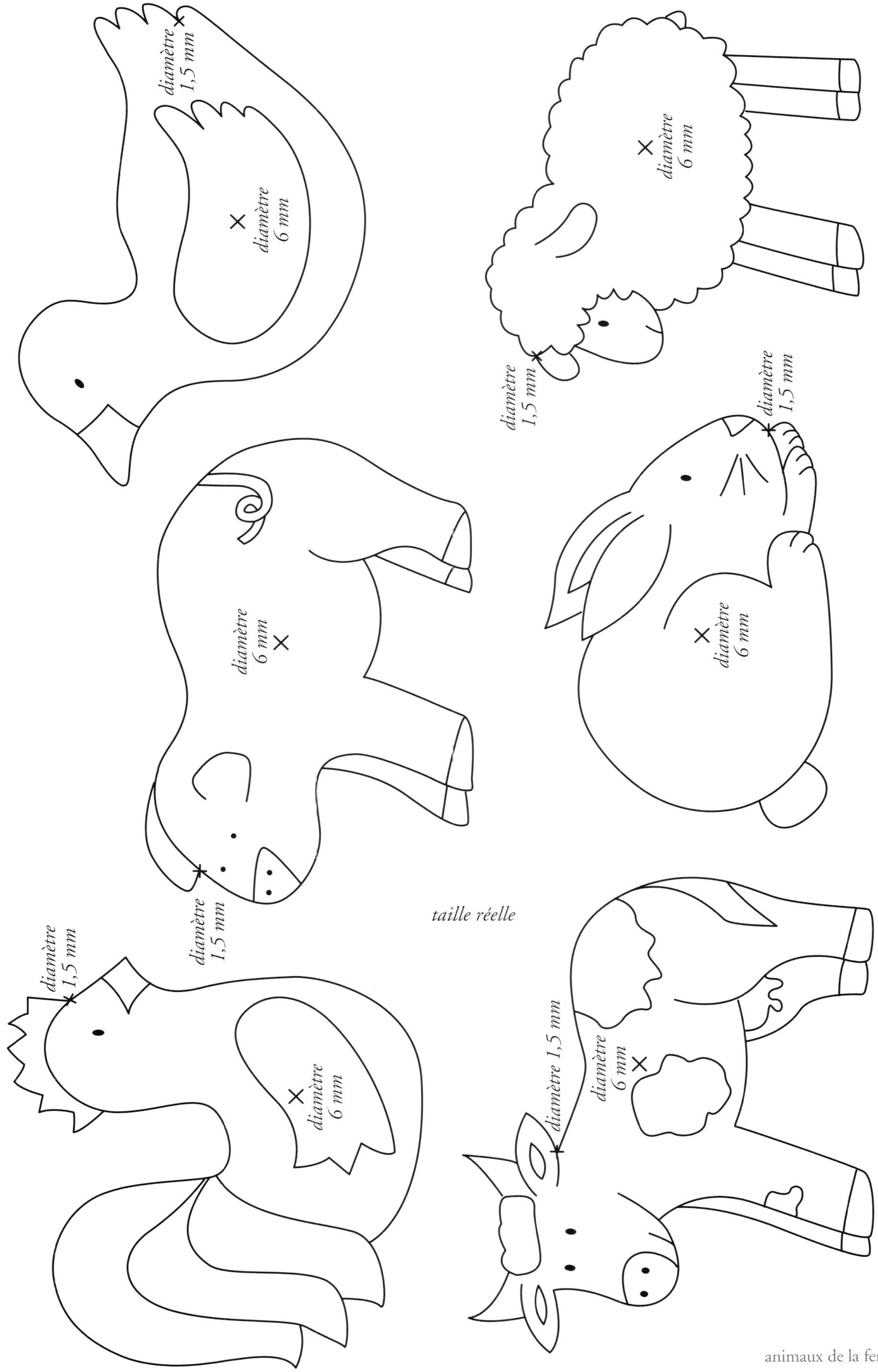
diamètre 1,5 mm
diamètre 6 mm
diamètre 6 mm
diamètre 1,5 mm
diamètre 1,5 mm
diamètre 6 mm
diamètre 6 mm
diamètre 1,5 mm
diamètre 1,5 mm
diamètre 6 mm
taille réelle
diamètre 1,5 mm
diamètre 6 mm

ourson puzzle cadre

matériel nécessaire

- 2 planchettes de contreplaqué de 26,5 x 17,5 cm de 10 mm d'épaisseur
- papier calque
- scie à chantourner électrique
- perceuse
- mèche de 1,5 mm de diamètre
- colle à bois à prise rapide
- 6 petits serre-joints
- papier de verre n° 80 et n° 120
- peinture acrylique spéciale jouet : rouge, bleu, jaune, noir et blanc

- vernis acrylique spécial jouet : incolore
- 1 pinceau brosse de 2,5 cm
- 2 pinceaux ronds n° 0 et n° 2

1. préparation

Photocopiez et décalquez le gabarit. Reproduisez le calque sur l'une des 2 planchettes de contreplaqué.

2. découpe

Utilisez la perceuse munie d'un mèche de 1,5 mm et percez à l'endroit indiqué sur le schéma afin de pouvoir passer la lame de la scie à chantourner.

Découpez le contour du puzzle puis les différentes pièces du corps.

Poncez la planchette non découpée, les pièces et le cadre du puzzle.

3. peinture

étape 1
À l'aide du pinceau brosse, vernissez le verso du cadre du puzzle ainsi que l'une des faces de la planchette non encore utilisée. Laissez sécher puis passez un papier de verre n° 120 et redonnez une couche de vernis.

étape 2
Peignez le verso des pièces du puzzle avec la peinture blanche, laissez sécher puis passez un papier de verre n° 120.

étape 3
Étalez de la colle à bois sur le recto du cadre et placez le sur la face vernie de l'autre planchette.

Serrez avec les serre-joints, essuyez le surplus de colle et laissez sécher.

la tête et les pattes
Ajoutez du rouge au jaune pour obtenir un orangé soutenu.

Peignez la tête, les pattes postérieures et la deuxième partie des pattes antérieures. Puis peignez les yeux et le museau en noir avec le pinceau rond n° 0.

le polo
Peignez en rouge le corps et la première partie des pattes antérieures.

le short
Peignez-le en bleu.

finition

Peignez la tranche du puzzle en rouge.

taille réelle
diamètre 1,5 mm

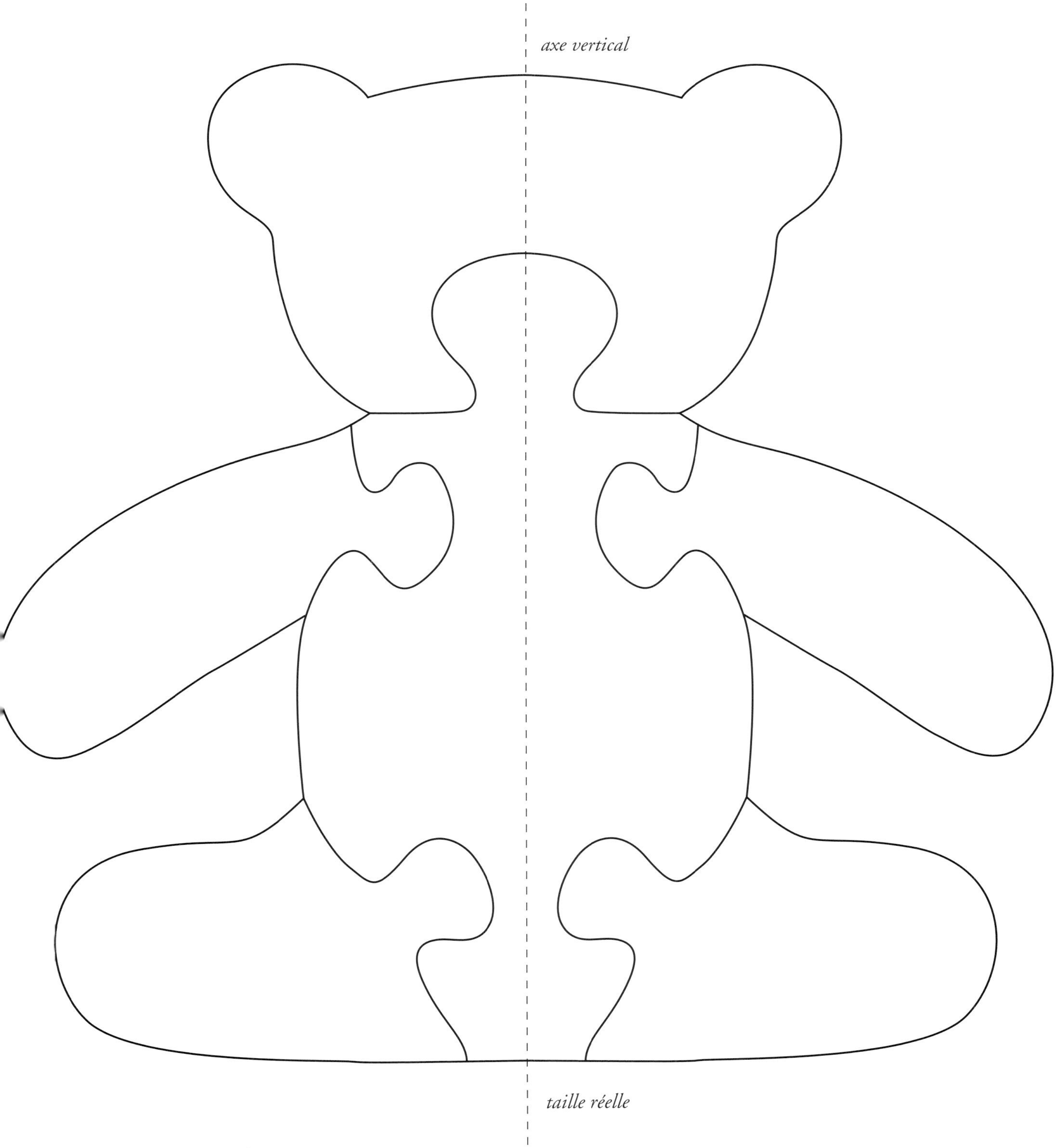
axe vertical
taille réelle

clown puzzle cadre

matériel nécessaire

- 2 planchettes de contreplaqué de 18,5 x 27 cm de 10 mm d'épaisseur
- papier calque
- scie à chantourner électrique
- perceuse
- mèche de 1,5 mm de diamètre
- colle à bois à prise rapide

- 6 petits serre-joints
- papier de verre n° 80 et n° 120
- peinture acrylique spéciale jouet : rouge, bleu, jaune, noir et blanc
- vernis acrylique spécial jouet : incolore
- 1 pinceau brosse de 2,5 cm
- 2 pinceaux ronds n° 0 et n° 2

1. préparation

Photocopiez et décalquez le gabarit de la p. 30. Reproduisez le calque sur l'une des 2 planchettes de contreplaqué.

2. découpe

Utilisez la perceuse munie d'un mèche de 1,5 mm et percez à l'endroit indiqué sur le schéma afin de pouvoir passer la lame de la scie à chantourner.

Découpez le contour du puzzle puis les différentes pièces du corps.

Poncez la planchette non découpée ainsi que les pièces et le cadre du puzzle.

3. peinture

étape 1
À l'aide du pinceau brosse vernissez le verso du cadre du puzzle ainsi que l'une des faces de la planchette non encore utilisée.

Laissez sécher puis passez un papier de verre n° 120 et redonnez un couche de vernis.

étape 2
Peignez le verso des pièces du puzzle avec la peinture blanche, laissez sécher puis passez un papier de verre n° 120.

étape 3
Étalez de la colle à bois sur le recto du cadre et placez le sur la face vernie de l'autre planchette.

Serrez avec les serre-joints, essuyez le surplus de colle et laissez sécher.

le chapeau et le pantalon
Peignez toute la surface en bleu puis quand celle ci est sèche, utilisez le pinceau n° 0 pour peindre les points en jaune.

la veste
Peignez-la en rouge en s'arrêtant au niveau des mains.
Une fois sec peignez les points jaunes.

la collerette et les chaussures
Ajoutez une pointe de bleu au jaune pour obtenir du vert.

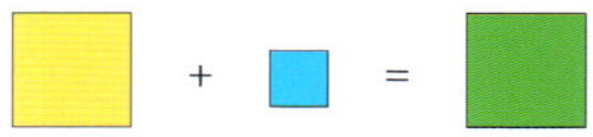

Avec le pinceau n° 0 ajoutez quelques traits jaunes à la collerette pour lui donner un peu de volume.

les cheveux
Ajoutez une pointe de rouge au jaune pour obtenir du orange.

Avec le pinceau n° 0, ajoutez quelques traits jaunes.

la figure et les mains
Ajoutez une pointe de rouge au blanc pour obtenir du rose.

À l'aide du pinceau n° 0, peignez en rouge le nez, les pommettes et la bouche et les yeux en noir.

Ajoutez un point blanc aux yeux.

finition

Peignez la tranche du puzzle en rouge.

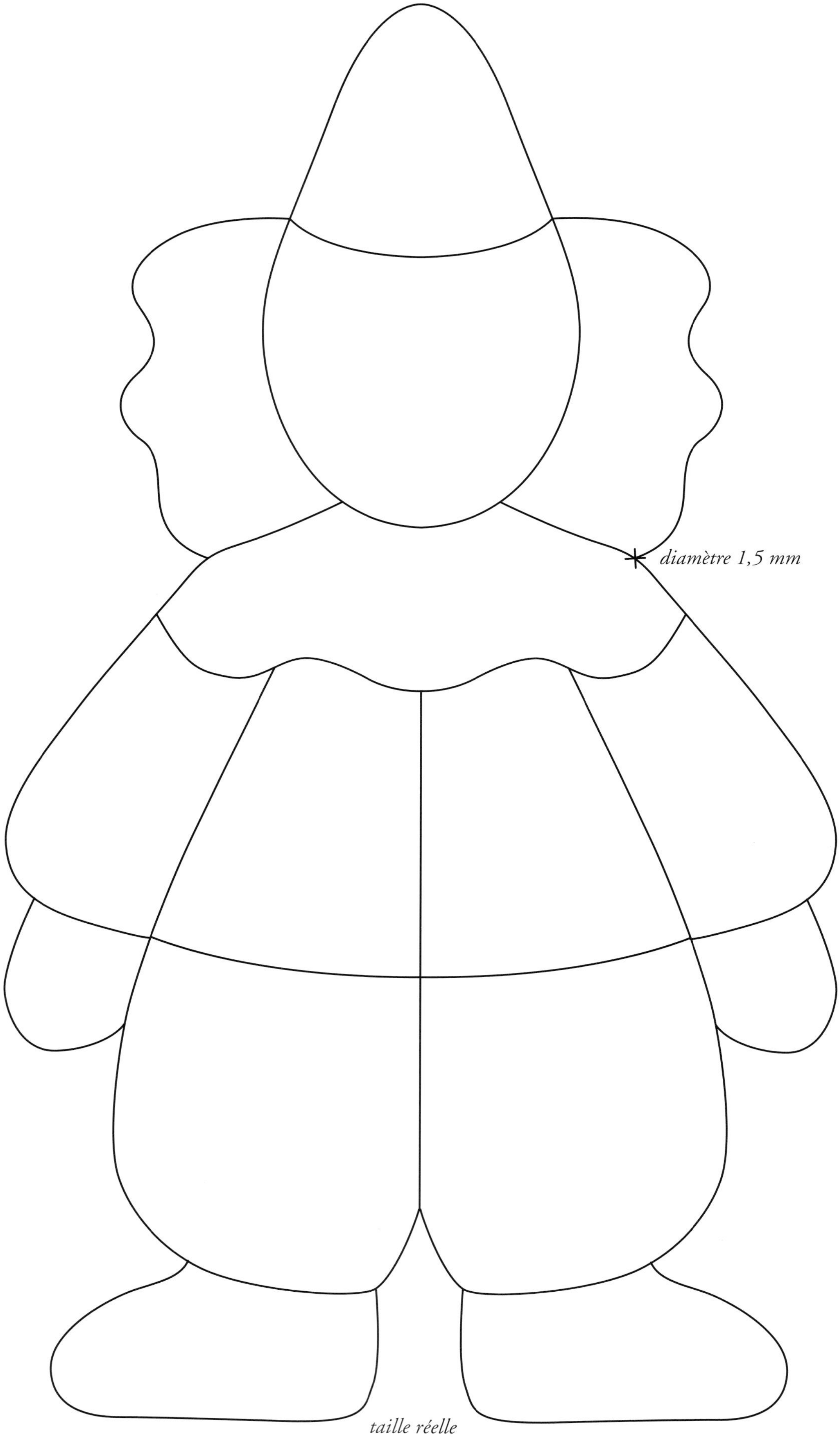

taille réelle

ours puzzle à emboîter

matériel nécessaire

- planche de pin de 21 x 22 cm de 18 mm d'épaisseur
- papier calque
- scie à chantourner électrique
- papier de verre n° 80 et n° 120
- peinture acrylique spéciale jouet : rouge, bleu, jaune, blanc et noir

1. préparation

Photocopiez et décalquez le gabarit de la p. 27. Reportez-le sur la planche de pin.

2. découpe

Découpez d'abord le contour puis les différentes pièces du corps.
Poncez-les avec un papier de verre n° 120 sans les déformer.

3. peinture

Peignez les bords et une face de chaque pièce puis attendez que la peinture soit bien sèche pour la retourner et peindre l'autre face.

Poncez avec du papier de verre n°120 pour rendre les pièces lisses puis passez une seconde couche de peinture.

étape 1
Délimitez par un trait de crayon à peine visible la forme du polo que vous peignez alors en rouge.

étape 2
Peignez le reste de l'ours en blanc et laissez sécher.
Ajoutez les détails en noir en utilisant le pinceau n° 0.
Peignez les oreilles et les pattes en rose en ajoutant une pointe de rouge au blanc.

étape 3
Une fois la peinture sèche, vérifiez que les pièces coulissent bien entre elles.
Sinon, passez un papier de verre n° 120 sur les tranches de chaque pièce en prenant soin de ne pas les déformer.

éléphant puzzle à emboîter

matériel nécessaire

- planche de pin de 22 x 17 cm et de 18 mm d'épaisseur
- papier calque
- scie à chantourner électrique
- papier de verre n° 80 et n° 120
- peinture acrylique spéciale jouet : rouge, bleu, jaune, blanc et noir

1. préparation

Photocopiez et décalquez le gabarit de la p.38. Reportez-le sur la planche de pin.

2. découpe

Découpez d'abord le contour puis les différentes pièces du corps.
Poncez-les avec un papier de verre n° 120 sans les déformer.

3. peinture

Peignez les bords et une face de chaque pièce puis attendez que la peinture soit bien sèche pour la retourner et peindre l'autre face.

Poncez avec du papier de verre n°120 pour rendre les pièces lisses puis passez une seconde couche de peinture.

étape 1
Peignez le corps et la trompe en rouge, la patte arrière en bleu, la tête en jaune.

étape 2
Ajoutez une pointe de bleu au jaune pour obtenir du vert et peignez l'oreille et la patte avant.

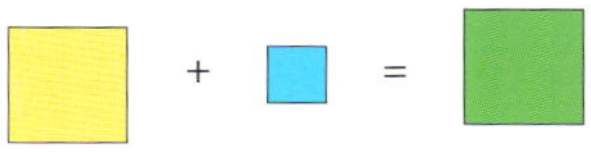

étape 3
Avec le pinceau n° 0 peignez en noir l'œil puis ajoutez un point blanc.

clown puzzle à emboîter

matériel nécessaire

- planche de pin de 19 x 22 cm et de 18 mm d'épaisseur
- papier calque
- scie à chantourner électrique
- papier de verre n° 80 et n° 120
- peinture acrylique spéciale jouet : rouge, bleu, jaune, blanc et noir

1. préparation

Photocopiez et décalquez le gabarit de la p. 39. Reportez-le sur la planche de pin.

2. découpe

Découpez d'abord le contour puis les différentes pièces du corps.
Poncez-les avec un papier de verre n° 120 sans les déformer.

3. peinture

Peignez les bords et une face de chaque pièce puis attendez que la peinture soit bien sèche pour la retourner et peindre l'autre face.
Poncez avec du papier de verre n°120 pour rendre les pièces lisses puis passez une seconde couche de peinture.

Délimitez par un trait de crayon à peine visible les mains, les chaussures et le pompon du bonnet.

la tête et les mains
Ajoutez une pointe de rouge au blanc pour obtenir du rose.

Utilisez le pinceau n° 0, et peignez en rouge le nez et la bouche et en noir et blanc les yeux.

le bonnet et le pantalon
Peignez-les en rouge.

la veste et les chaussures
Peignez-les en bleu.

la collerette
Ajoutez une pointe de bleu dans du jaune pour obtenir du vert.

les cheveux et le pompon
Peignez-les en jaune.

taille réelle

taille réelle

canard

jouets à tirer

matériel nécessaire

- 1 planche de pin de 16 x 28 cm et de 18 mm d'épaisseur
- 1 latte de bois de 10 x 3 cm et de 18 mm d'épaisseur
- 1 planche de contreplaqué de 10 mm d'épaisseur et d'environ 12 x 12 cm
- une scie à chantourner
- une perceuse électrique

- une mèche de diamètre 3 mm
- une mèche de diamètre 7 mm
- une scie cloche de 51 mm de diamètre
- 2 tourillons de 5 cm et de 6 mm de diamètre
- un crochet
- une cordelette
- 2 vis à tête cruciforme de 3 x 20 mm
- tournevis cruciforme
- colle à bois à prise rapide
- serre-joints

1. préparation

Photocopiez et décalquez le gabarit de la p. 42. Reproduisez-le sur la planche de pin.

2. découpe

étape 1
Découpez avec la scie à chantourner les différentes parties de l'animal dans la planche de pin.

étape 2
À l'aide de la perceuse et de la scie cloche découpez les 4 roues dans la planche de contreplaqué.

étape 3
Percez dans la latte les trous de vis avec une mèche de 3, puis avec une mèche de 7 ceux par lesquels passeront les tourillons. Percez le corps de l'animal avec une mèche de 3.

Poncez les différentes parties avec du papier de verre n°120.

3. peinture

Peignez chaque partie une première fois, laissez sécher et passez un papier de verre n° 120 puis redonnez une couche de peinture.

le corps
Délimitez le bec par un trait de crayon à peine visible.
Peignez le corps en bleu clair, en ajoutant du bleu au blanc et en commençant par la tranche et une face.

Quand la peinture est sèche, retournez la pièce et peignez l'autre face.

le bec
Peignez ensuite le bec en jaune.

les ailes
Peignez la tranche des ailes et une des faces en rouge. L'autre face sera collée contre le corps.

le socle
Peignez la latte et les roues en vert en ajoutant une pointe de bleu au jaune.

Avec le pinceau n° 0 peignez l'œil en noir, ainsi que le contour du bec.

4. assemblage

Mettez de la colle à bois sur la base du corps de l'animal et posez la sur la latte de bois afin que les trous correspondent puis vissez.

Collez les ailes sur le corps.

Maintenez-les le temps du séchage avec des serre-joints.

Passez les tourillons dans la latte et collez une roue à chaque extrémité.
Vissez le crochet au niveau de la tête et passez y la cordelette.

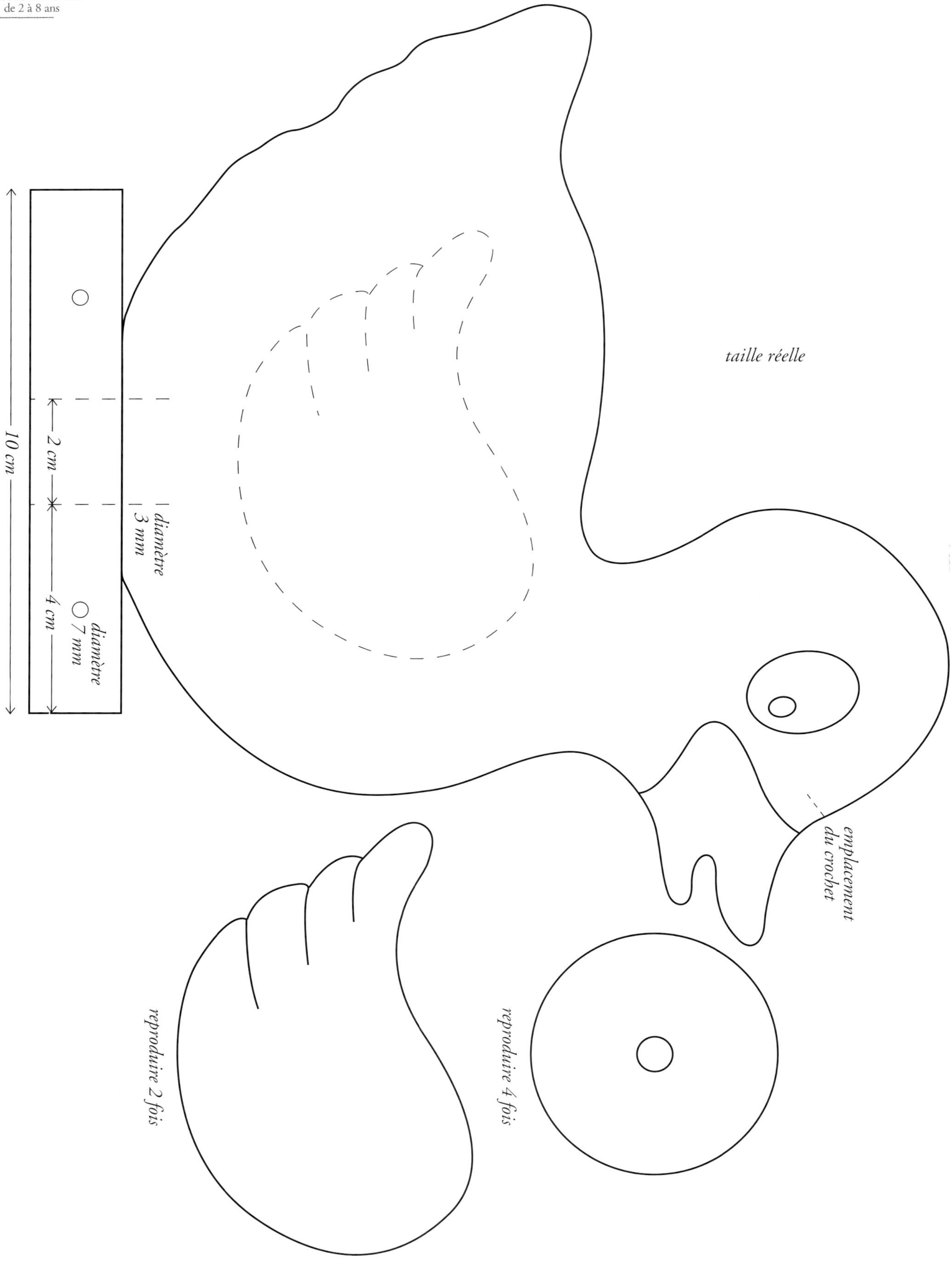
taille réelle
10 cm
2 cm
4 cm
diamètre
3 mm
diamètre
7 mm
emplacement
du crochet
reproduire 2 fois
reproduire 4 fois

éléphant

jouets à tirer

matériel nécessaire

- une planche de pin de 22 x 30 cm et de 18 mm d'épaisseur
- une latte de bois de 3 x 14 cm et de 18 mm d'épaisseur
- 1 planche de contreplaqué de 10 mm d'épaisseur et d'environ 12 x 12 cm
- une scie à chantourner
- une perceuse électrique

- une mèche de diamètre 3 mm
- une mèche de diamètre 7 mm
- une scie cloche de 51 mm de diamètre
- 2 tourillons de 6 mm de diamètre et 5 cm de longueur
- un crochet
- une cordelette
- 2 vis à tête cruciforme de 3 x 20 mm
- tournevis cruciforme
- colle à bois à prise rapide
- serre-joints

1. préparation

Photocopiez et décalquez le gabarit de la p. 46. Reproduisez-le sur la planche de pin.

2. découpe

étape 1
Découpez avec la scie à chantourner les différentes parties de l'animal dans la planche de pin.

étape 2
À l'aide de la perceuse et de la scie cloche découpez les 4 roues dans la planche de contreplaqué.

étape 3
Percez dans la latte les trous de vis avec une mèche de 3, puis avec une mèche de 7 ceux par lesquels passeront les tourillons.

Percez le corps de l'animal avec une mèche de 3.

Poncez les différentes parties avec du papier de verre n°120.

3. peinture

Peignez chaque partie une première fois, laissez sécher et passez un papier de verre n° 120 puis redonnez une couche de peinture.

étape 1
Peignez le corps en jaune, les oreilles en rouge, la latte et les roues en bleu.

Peignez l'œil en noir avec le pinceau n° 0.

4. assemblage

Mettez de la colle à bois sur la base du corps de l'animal et posez la sur la latte de bois afin que les trous correspondent puis vissez.

Collez les oreilles perpendiculairement à la tête.
Collez la première en posant le corps à plat et attendez que la colle soit sèche pour coller la deuxième.

Maintenez les le temps du séchage avec des serre-joints.

Passez les tourillons dans la latte et collez une roue à chaque extrémité.

Vissez le crochet au niveau de la tête et passez y la cordelette.

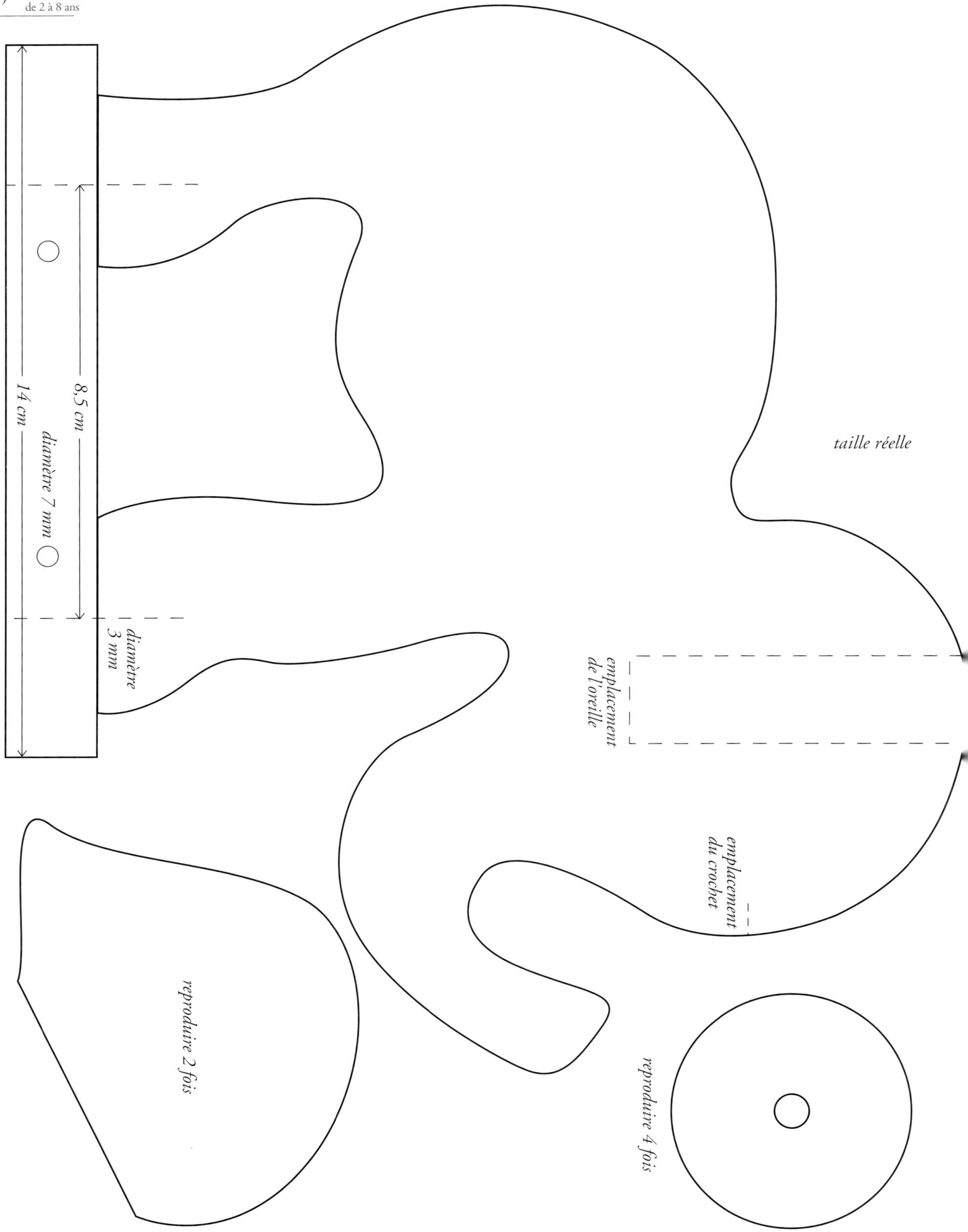
14 cm
8,5 cm
diamètre 7 mm
diamètre 3 mm
taille réelle
emplacement de l'oreille
emplacement du crochet
reproduire 2 fois
reproduire 4 fois

chien

jouets à tirer

matériel nécessaire

- une planche de pin de 18 x 25 cm et de 18 mm d'épaisseur
- une latte de bois de 15 x 3 cm et de 18 mm d'épaisseur
- 1 planche de contreplaqué de 10 mm d'épaisseur et d'environ 12 x 12 cm
- une scie à chantourner
- une perceuse électrique

- une mèche de diamètre 3 mm
- une mèche de diamètre 7 mm
- une scie cloche de 51 mm de diamètre
- 2 tourillons de 6 mm de diamètre et 5 cm de longueur
- un crochet
- une cordelette
- 2 vis à tête cruciforme de 3 x 20 mm
- tournevis cruciforme
- colle à bois à prise rapide
- serre-joints

1. préparation

Photocopiez et décalquez le gabarit de la p. 50.
Reproduisez-le sur la planche de pin.

2. découpe

étape 1
Découpez avec la scie à chantourner les différentes parties de l'animal dans la planche de pin.

étape 2
À l'aide de la perceuse et de la scie cloche découpez les 4 roues dans la planche de contreplaqué.

étape 3
Percez dans la latte les trous de vis avec une mèche de 3, puis avec une mèche de 7 ceux par lesquels passeront les tourillons.
Percez le corps de l'animal avec une mèche de 3.

Poncez les différentes parties avec du papier de verre n°120.

3. peinture

Peignez chaque partie une première fois, laissez sécher et passez un papier de verre n° 120 puis redonnez une couche de peinture.

le corps
Ajoutez une pointe de rouge au jaune pour obtenir du orange et peignez le corps.

les oreilles
Rajoutez une pointe de rouge pour obtenir un orange plus soutenu et peignez les oreilles.

le socle
Peignez les roues et les lattes en bleu.

Avec le pinceau n° 0 peignez en noir les yeux et le museau.

4. assemblage

Mettez de la colle à bois sur la base du corps de l'animal et posez-la sur la latte de bois afin que les trous correspondent puis vissez.

Collez les oreilles et maintenez-les avec un serre-joint le temps du séchage.

Passez les tourillons dans la latte et collez une roue à chaque extrémité.
Vissez le crochet au niveau de la tête et passez y la cordelette.

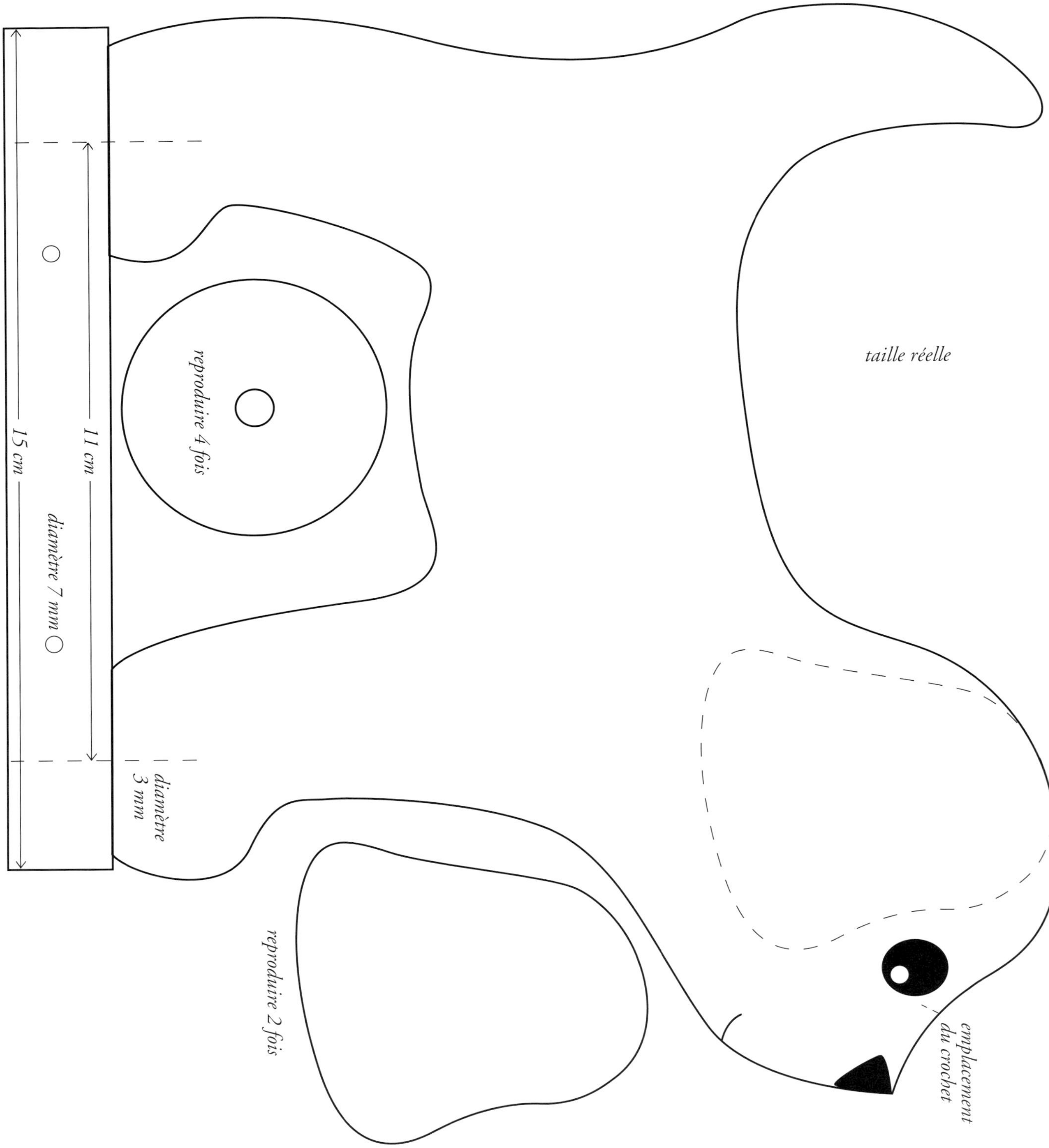
15 cm
11 cm
diamètre 7 mm
diamètre 3 mm
reproduire 4 fois
reproduire 2 fois
taille réelle
emplacement du crochet

vache

jouets à tirer

matériel nécessaire

- une planche de pin de 22 x 16 cm et de 18 mm d'épaisseur
- une latte de bois de 14 x 3 cm et de 18 mm d'épaisseur
- 1 planchette de contreplaqué de 12 x 12 cm et de 10 mm d'épaisseur
- une scie à chantourner
- une perceuse électrique

- une mèche de diamètre 3 mm
- une mèche de diamètre 7 mm
- une scie cloche de 51 mm de diamètre
- 2 tourillons de 6 mm de diamètre et 5 cm de longueur
- un crochet
- une cordelette
- 2 vis à tête cruciforme de 3 x 20 mm
- tournevis cruciforme
- colle à bois à prise rapide
- serre-joints

1. préparation

Photocopiez et décalquez le gabarit de la p. 54. Reproduisez-le sur la planche de pin.

2. découpe

étape 1
Découpez avec la scie à chantourner les différentes parties de l'animal dans la planche de pin.

étape 2
À l'aide de la perceuse et de la scie cloche découpez les 4 roues dans la planche de contreplaqué.

étape 3
En suivant le schéma de montage de la p.54, percez dans la latte les trous de vis avec une mèche de 3, puis avec une mèche de 7 ceux par lesquels passeront les tourillons. Percez le corps de l'animal avec une mèche de 3.

Poncez les différentes parties avec du papier de verre n°120.

3. peinture

Peignez chaque partie une première fois, laissez sécher et passez un papier de verre n° 120 puis redonnez une couche de peinture.

étape 1
Peignez la vache et les oreilles en blanc. Ajoutez une pointe de rouge au jaune pour obtenir du orange et peignez les cornes.

étape 2
Ajoutez une pointe de bleu au jaune pour obtenir du vert clair et peignez la latte et les roues.

étape 3
Ajoutez une pointe de rouge au blanc pour obtenir du rose et peignez le pis et l'intérieur des oreilles.

Terminez en peignant en noir les sabots, le contour de la queue, les yeux et les taches.

4. assemblage

Mettez de la colle à bois sur la base du corps de l'animal et posez-la sur la latte de bois afin que les trous correspondent puis vissez.

Collez les cornes et les oreilles sur le corps. Maintenez-les le temps du séchage avec des serre-joints.

Passez les tourillons dans la latte et collez une roue à chaque extrémité.

Vissez le crochet au niveau de la tête et passez y la cordelette.

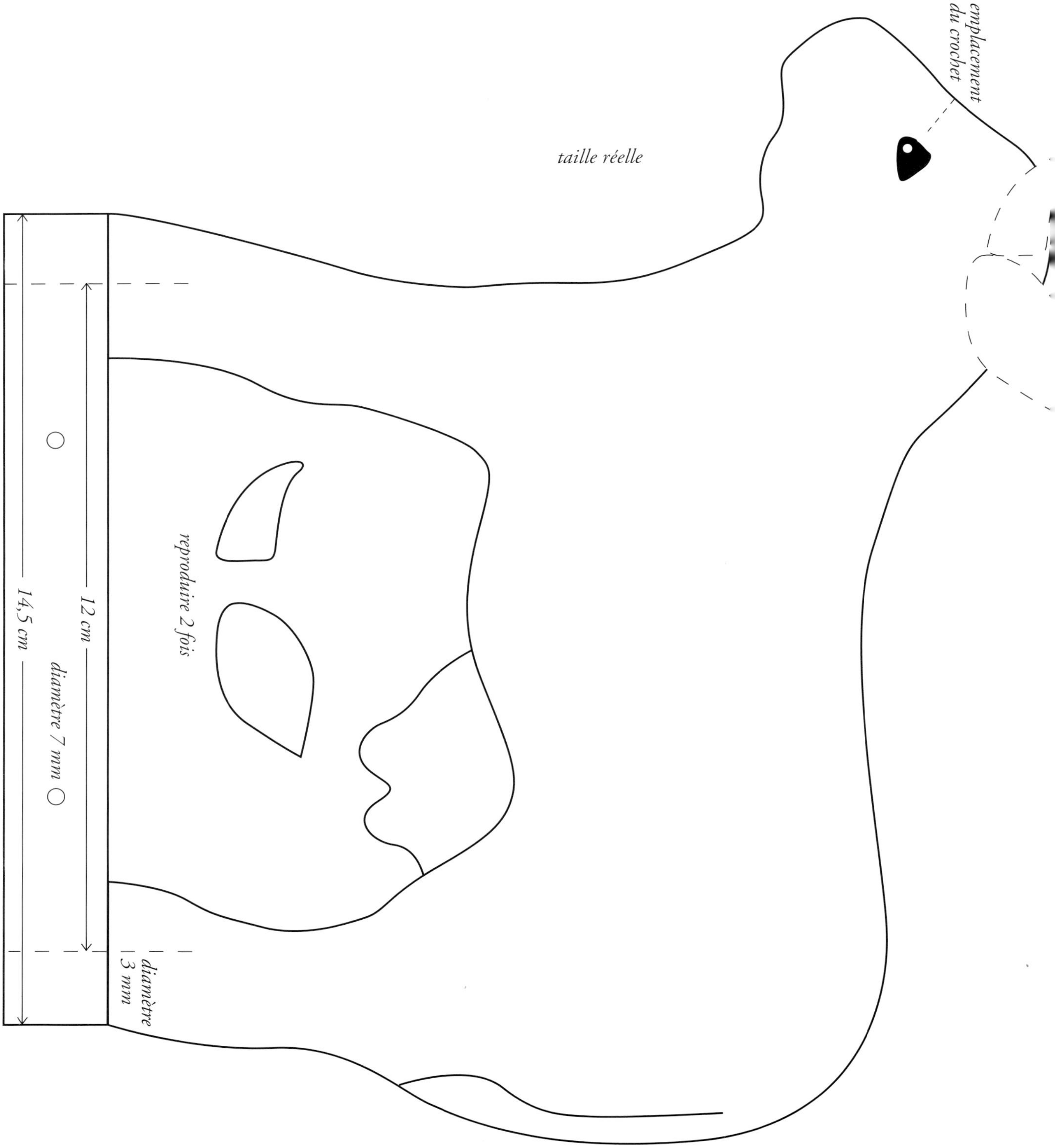
taille réelle
emplacement du crochet
reproduire 2 fois
12 cm
14,5 cm
diamètre 7 mm
diamètre 3 mm

berceau de poupée

matériel nécessaire

- 1 planche de contreplaqué de 28 x 24 cm et de 10 mm d'épaisseur : tête du berceau
- 1 planche de contreplaqué de 27 x 20 cm et de 10 mm d'épaisseur : pied du berceau
- 2 planche de contreplaqué de 10 x 35 cm et de 10 mm d'épaisseur : montants
- 1 planche de contreplaqué de 35 x 21,8 cm et de 5 mm d'épaisseur : fond
- 8 vis à tête cruciforme de 3 x 20 mm
- clous sans tête de 0,9 x 12 mm
- scie à chantourner
- perceuse et mèche de 3

- marteau
- papier de verre n° 80 et n° 120
- pinceau brosse de 2,5 cm de largeur
- pinceau rond n° 0
- peinture acrylique : jaune, bleu, rouge

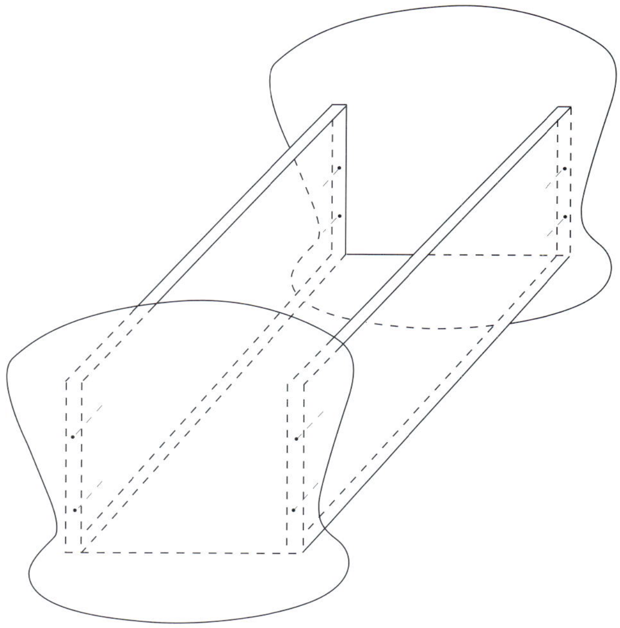

1. préparation

Photocopiez les gabarits à 200 % puis décalquez la tête et le pied du berceau. Reportez-les sur les planches de contreplaqué correspondantes.

Marquez l'emplacement des trous sur la tête et le pied du lit, ainsi que sur les tranches des montants.

2. découpage

À l'aide de la scie à chantourner, sciez le contour de la tête et du pied du berceau.

Percez avec une mèche de 3 les 4 trous de vis à la tête et au pied du berceau aux endroits que vous avez marqués précédemment ainsi que les montants.

Poncez chaque pièce ainsi que le fond du berceau.

3. peinture

Ajoutez une pointe de bleu au jaune pour obtenir un vert clair.

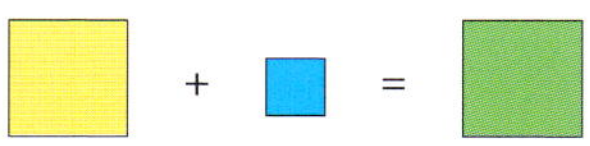

Peignez la tranche et une face de chaque pièce à l'aide du pinceau brosse.

Laissez sécher, retournez les pièces et peignez l'autre face.

Passez un papier de verre n° 120 puis donnez une seconde couche de peinture.

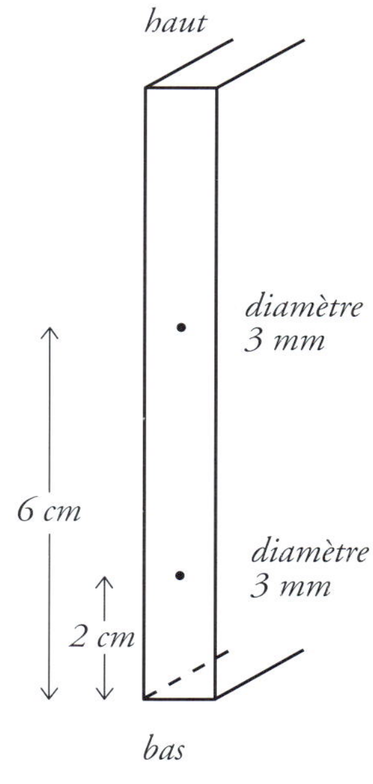

4. montage

Mettez de la colle à bois sur la tranche des montants.
Assemblez le pied du berceau et les montants à l'aide de vis de 3 x 20 mm.
Vissez ensuite la tête.

Retournez le berceau pour placer le fond.
Fixez-le avec des clous de 0,9 x 12 mm.

finition

Tracez le contour des fleurs avec un trait de crayon à peine visible.

Peignez-les en jaune avec le pinceau n° 0, laissez sécher puis peignez le cœur de la fleur en rouge, ajoutez quelques traits fins sur les pétales.

Peignez les pétales en vert en ajoutant une pointe de bleu dans le vert clair utilisé pour peindre le berceau.

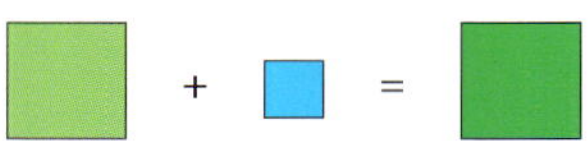

Vous pouvez également utiliser un pochoir que vous découpez dans du carton ou dans une pochette plastique.

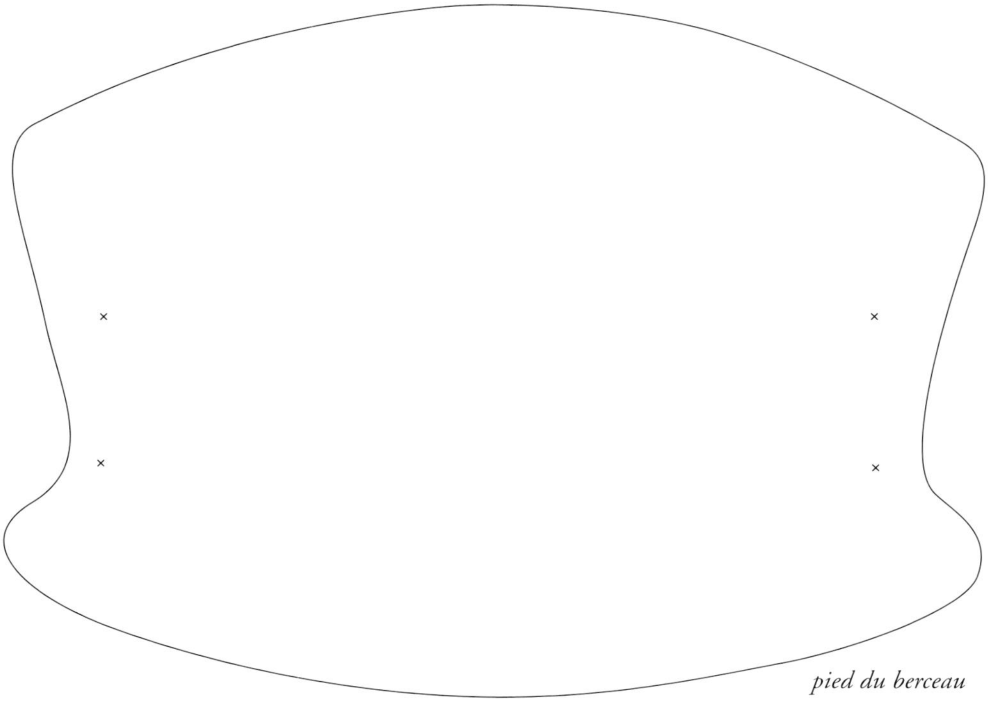

pied du berceau

× *diamètre 3 mm*

gabarits à 50 %

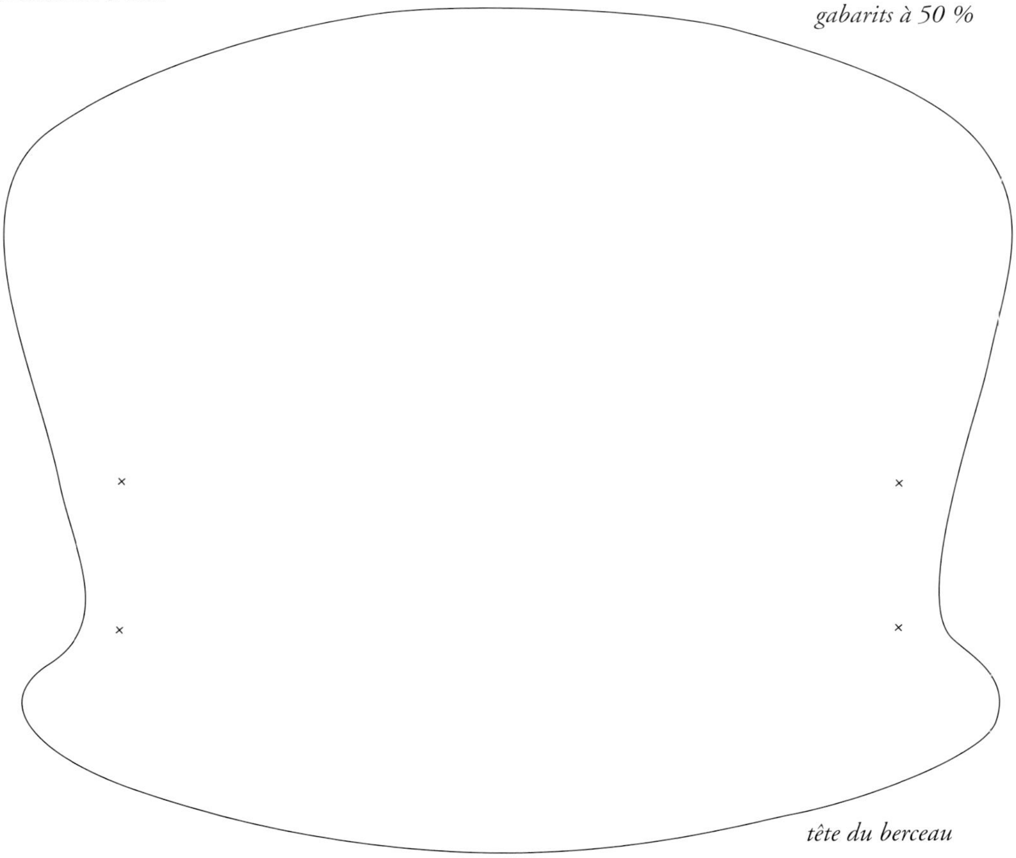

tête du berceau

camion

matériel nécessaire

- dans du contreplaqué de 10 mm d'épaisseur
  - 2 planches de 31 x 12 cm : côtés du camion
  - 1 planche de 31 x 12,5 cm : plancher
  - 1 planche de 31 x 10,7 cm : arrière de la cabine
  - 1 latte de 1,5 x 14,2 cm : pare choc
  - 1 planche d'environ 12 x 12 cm : pour la découpe des 4 roues et des 2 phares
- dans du contreplaqué de 3 mm d'épaisseur :
  - 1 planche de 6 x 14,2 cm : toit
  - 1 planche de 7 x 14,2 cm : dessus du capot
  - 1 planche de 4,4 x 14,2 cm : devant du capot
  - 1 planche de 6 x 14,2 cm : pare brise
- 2 lattes de 12 x 3 cm et de 15 mm d'épaisseur : fixation des roues
- clous de 0,9 x 12 mm

- 2 tourillons de diamètre 6 mm et de longueur 15 cm
- marteau
- scie à chantourner
- vrille
- perceuse, mèche de 7, scie cloche de diamètre 51 mm
- papier de verre fin
- colle à bois à prise rapide
- pinceau brosse de 2,5 cm
- pinceau rond n° 0
- peinture acrylique : rouge, jaune, noir

1. préparation

Photocopiez puis décalquez-les gabarits des p. 63 et 64.
Reportez-les sur les planches correspondantes.

2. découpage

Découpez le contour du côté du camion avec la scie à chantourner.

Percez un trou à l'aide de la vrille à l'emplacement de la vitre afin de passer la lame de la scie et sciez le contour de la vitre. Faites de même pour le pare brise.

Découpez les phares. Maintenez bien la pièce avec un serre-joint car celle-ci étant de petite taille, elle aura tendance à s'échapper.

3. montage

étape 1
Posez le plancher du camion sur votre table de travail. Assemblez le côté gauche.

Enfoncez quelques clous pour renforcer la fixation.

Assemblez le côté droit.

étape 2
Essuyez le surplus de colle suite au montage au niveau de la découpe des roues.

Collez la planchette correspondant à l'arrière de la cabine et confortez avec des clous. Collez et clouez le capot puis le pare brise et le toit.

étape 3
Percez avec la mèche de 7 les lattes sur toute la longueur ; vous devez procéder en 2 étapes car la mèche n'est pas suffisamment longue pour percer en une fois : percez d'un côté puis retournez la pièce et percez de l'autre côté, les 2 trous doivent se rejoindre.

Collez les lattes sur le fond du camion. Poncez l'ensemble avec un papier de verre n° 120. Les roues seront montées plus tard.

4. peinture

Peignez le camion en rouge, les phares en jaune, les roues et le pare choc en noir

Passez un papier de verre n° 120 sur l'ensemble des pièces et redonnez une couche de peinture.

Avec le pinceau n° 0, peignez le contour des portières en noir.

finition

Collez les phares et le pare choc.

Passez les tourillons dans les lattes fixées sous le camion et collez une roue à chaque extrémité puis donnez un coup de peinture noire.

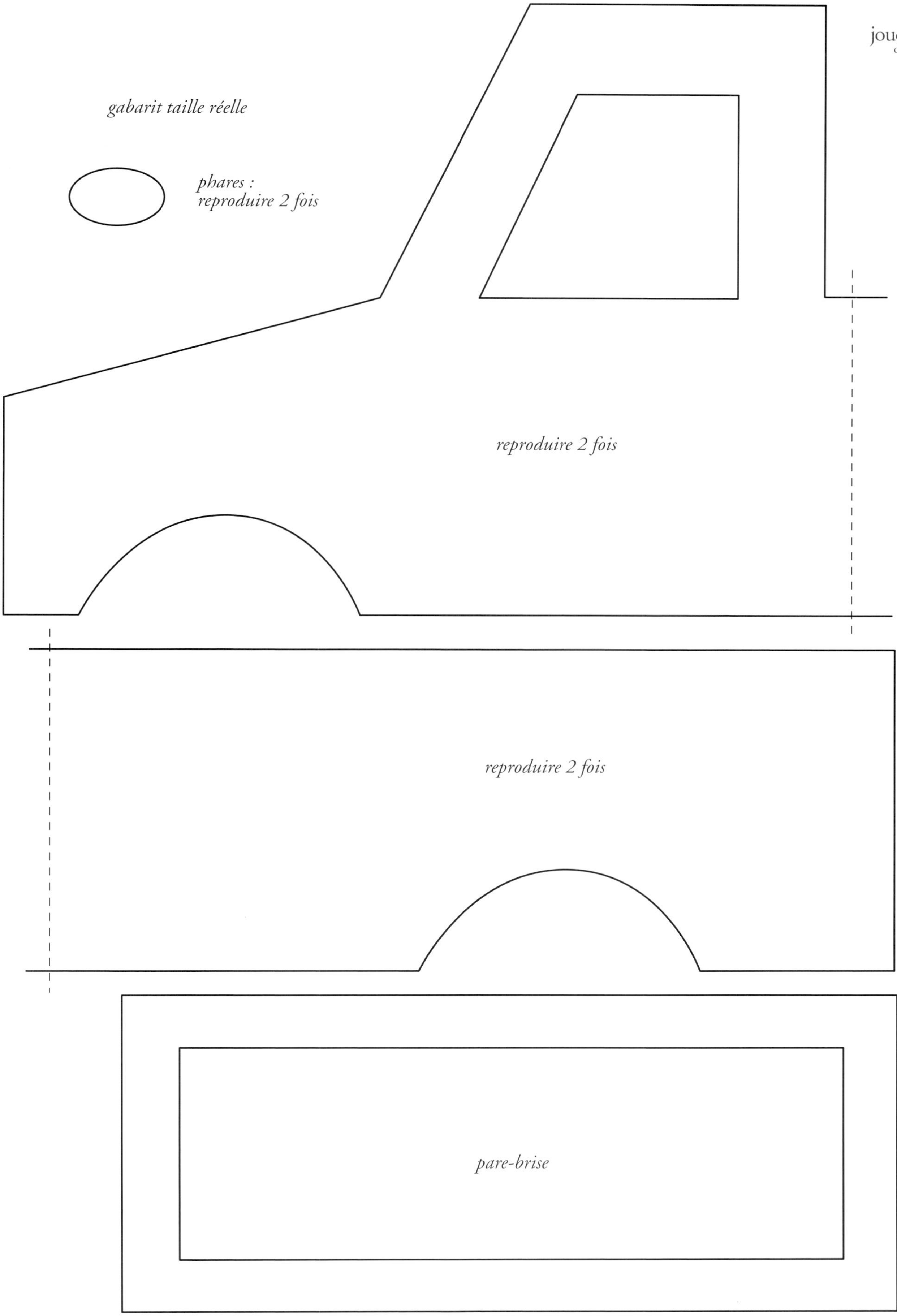
gabarit taille réelle
phares :
reproduire 2 fois
reproduire 2 fois
reproduire 2 fois
pare-brise

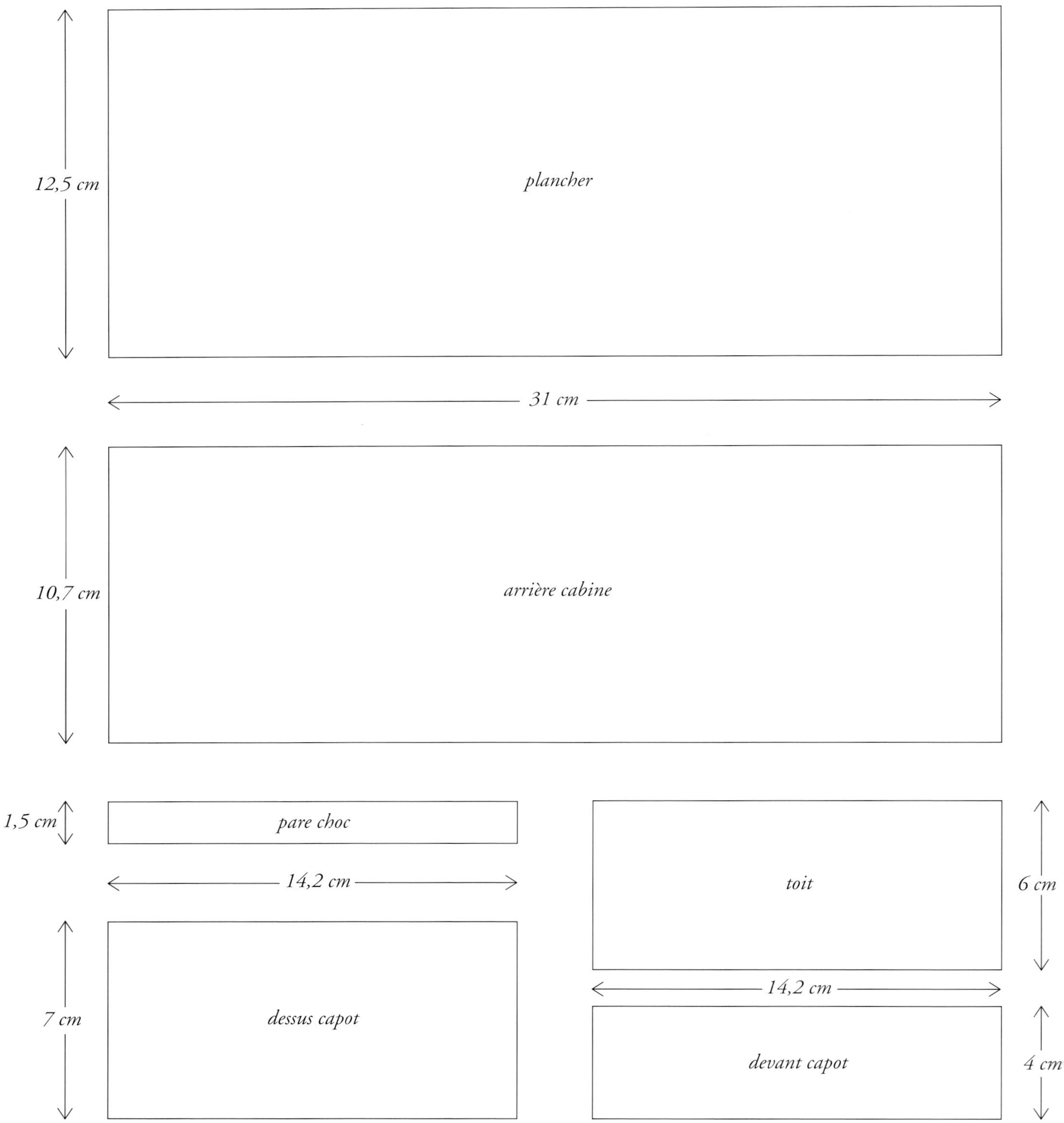
12,5 cm
plancher
31 cm
10,7 cm
arrière cabine
1,5 cm
pare choc
14,2 cm
toit
6 cm
14,2 cm
7 cm
dessus capot
devant capot
4 cm

dessin à 50 %

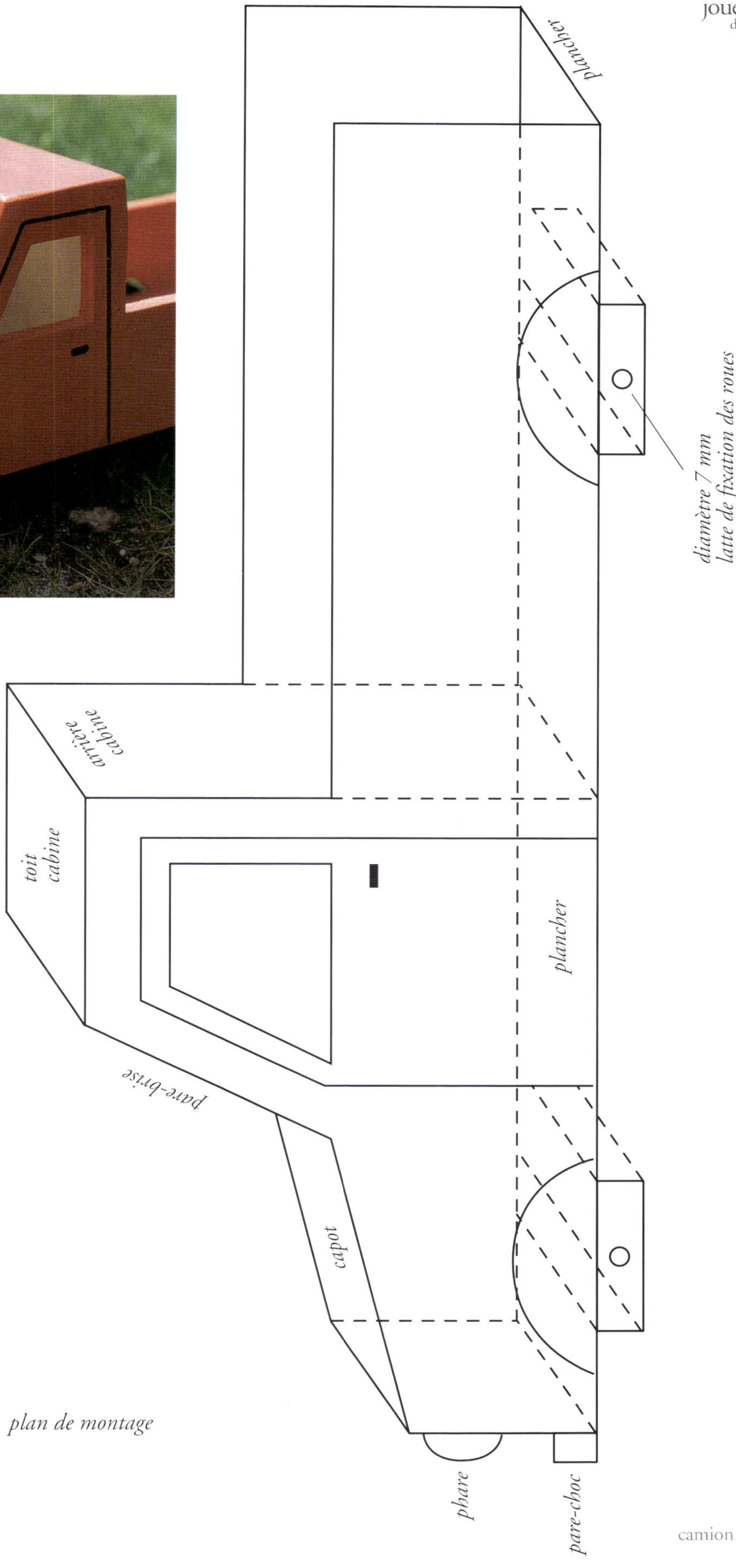

plan de montage

ferme

matériel nécessaire

- dans du contreplaqué de 10 mm d'épaisseur :
  - 2 planches de 39 x 20 cm : façades
  - 2 planches de 20 x 30 cm : côtés
  - 2 planches de 20 x 18 cm : cloisons
  - 2 planches de 17 x 45 cm : toit
- dans du contreplaqué de 5 mm d'épaisseur :
  - 1 planche de 22 x 41 cm : sol
  - 1 planche de 15,7 x 17,7 cm : 1 plancher de l'étage
  - 1 planche de 9,3 x 17,7 cm : 1 plancher de l'étage
  - 5 carrés de 4 x 4 cm : volets

- 4 rectangles de 4 x 7 cm : portes
- 1 rectangle de 11 x 9,6 cm : portes de la grande grange
- 1 rectangle de 4,6 x 9,6 cm : portes de la petite grange

- baguettes de section 10 x 10 mm :
  - 2 de 9 cm : pour fixer le plancher de la petite grange
  - 2 de 11 cm : pour fixer le plancher dans l'habitation
- charnières : 8 de 13 x 9 mm et 11 de 25 x 13 mm
- scie à chantourner
- vrille
- perceuse et mèche de 24
- clous de 1,1 x 16 mm
- marteau
- papier de verre n° 80 et n° 120
- colle à bois à prise rapide
- peinture acrylique : rouge, blanc, jaune, bleu
- pinceau plat de 2,5 cm
- pinceaux ronds n° 0 et n°2

1. préparation

Photocopiez les gabarits en les agrandissant pour les avoir à taille réelle puis décalquez-les. Reportez-les sur les planches de contreplaqué correspondantes.

2. découpage et montage

étape 1 : façades
Percez à l'aide de la vrille les fenêtres et les portes afin de pouvoir passer la lame de la scie.
Découpez les fenêtres et les portes.
Collez les baguettes à l'intérieur aux emplacements indiqués, elles serviront à poser le plancher.

étape 2 : côtés
Découpez la pente du toit en utilisant la scie à chantourner.

Avec la mèche de 24, percez les lucarnes sur les côtés de la ferme à l'emplacement indiqué sur le gabarit.

étape 3 : découpe des planchers
Percez avec une vrille le centre des 2 planchers pour pouvoir passer la lame de la scie et découpez l'ouverture qui servira de communication entre le rez-de-chaussée et l'étage (voir photo ci-dessus).

étape 4 : découpe des portes des granges
Utilisez la scie à chantourner.

étape 5 : ponçage des pièces

étape 6 : assemblage des façades et des côtés
Collez la tranche de la façade contre le côté puis clouez.
Assemblez ainsi les 4 pièces (façades et côtés).

étape 7 : assemblage du sol
Retournez la ferme et encollez la base des murs puis posez-y le sol et clouez.

étape 8 : pose des cloisons et des planchers
Remettez la ferme sur sa base.
Collez les 3 tranches des cloisons qui seront en contact avec le sol et les murs et placez les comme indiqué sur le schéma de la p. 73.
Posez ensuite les planchers sur les lattes.

étape 9 : assemblage du toit
Collez puis clouez les planches formant le toit à angle droit.

3. peinture et décoration

Peignez les murs extérieurs en blanc, le toit en rouge, les volets et les portes en vert clair en ajoutant une pointe de bleu au jaune.

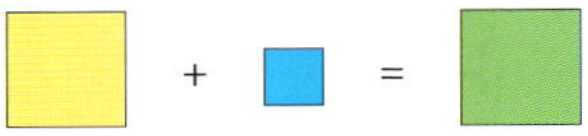

Laissez sécher puis poncez avec un papier de verre n° 120 et redonnez une deuxième couche.

Utilisez le pinceau n° 0 pour peindre l'herbe et les fleurs sur les murs de la ferme.
Peignez l'herbe en juxtaposant des traits de différentes nuances de vert réalisées en ajoutant plus ou moins de bleu au jaune.

façade de devant
Peignez les tulipes en rouge et en jaune puis les tiges et les feuilles en vert.

Peignez les tournesols en jaune en ajoutant parfois une très légère touche de rouge pour obtenir un orangé clair.

Peignez le cœur de fleurs en noir et les tiges en vert.

façade arrière et côté grange
Peignez les tournesols comme indiqué précédemment.

côté habitation
Peignez les bleuets en posant des touches de bleu avec la pointe du pinceau n° 0.
Ajoutez une touche de noir au rouge pour obtenir du marron et peignez le tronc de l'arbre.

Jouez avec les nuances de vert pour peindre les feuilles.

Peignez les fleurs en rouge.

finition

Clouez les charnières sur la tranche des volets et des portes puis sur les murs.

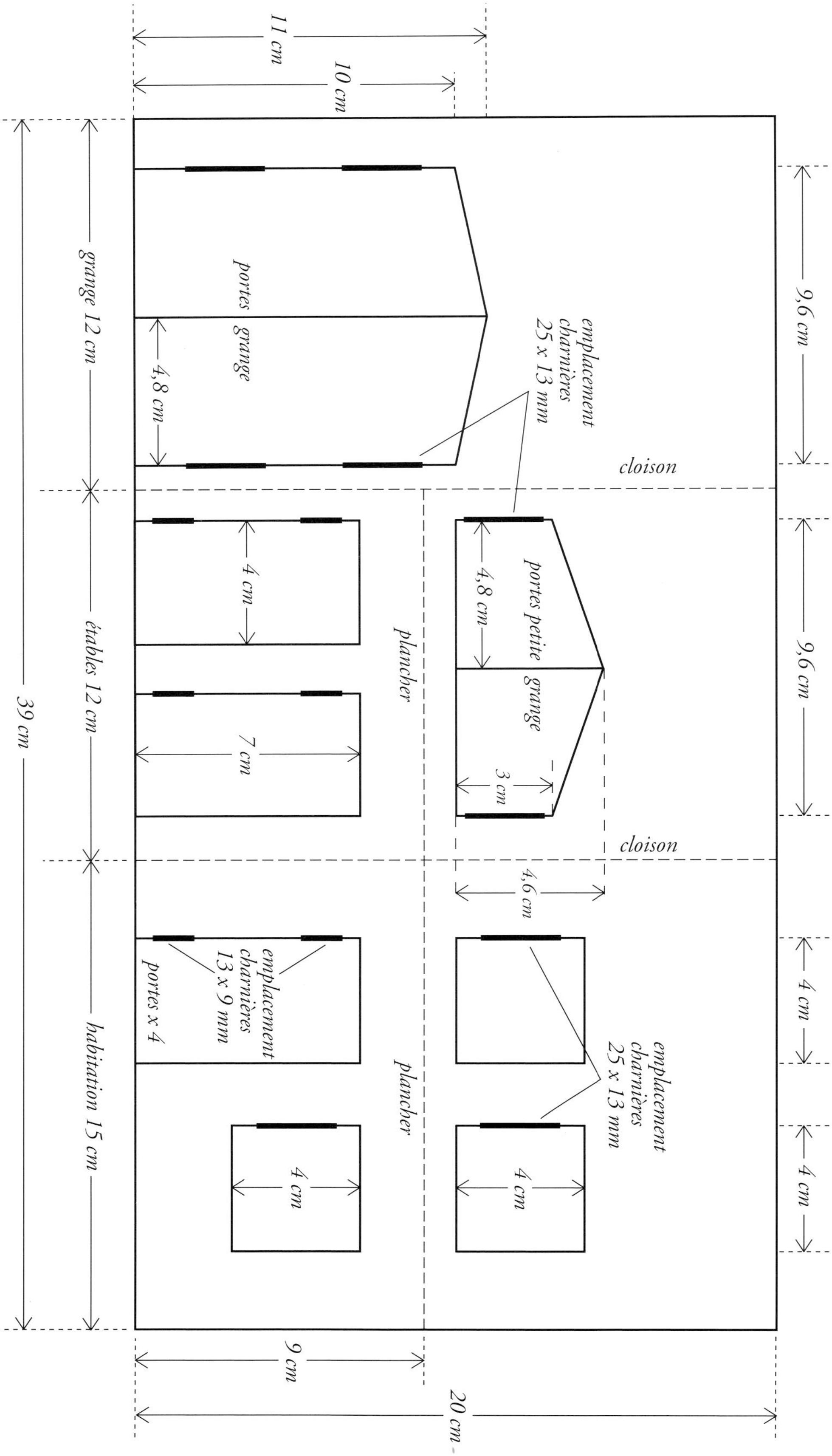

façade devant
dessin à 50 %

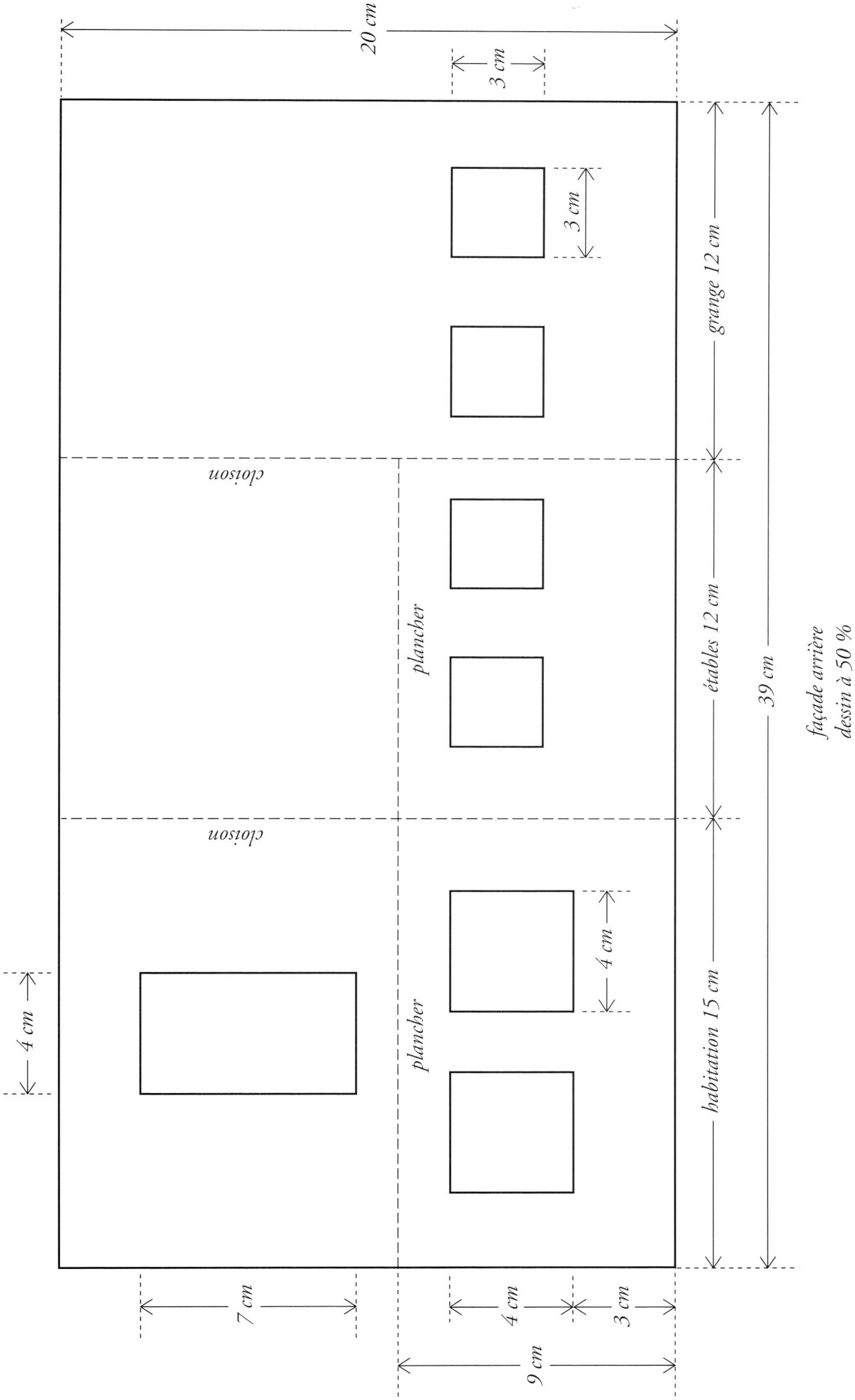
20 cm
3 cm
3 cm
grange 12 cm
cloison
plancher
étables 12 cm
39 cm
façade arrière
dessin à 50 %
cloison
4 cm
4 cm
plancher
habitation 15 cm
7 cm
4 cm
3 cm
9 cm

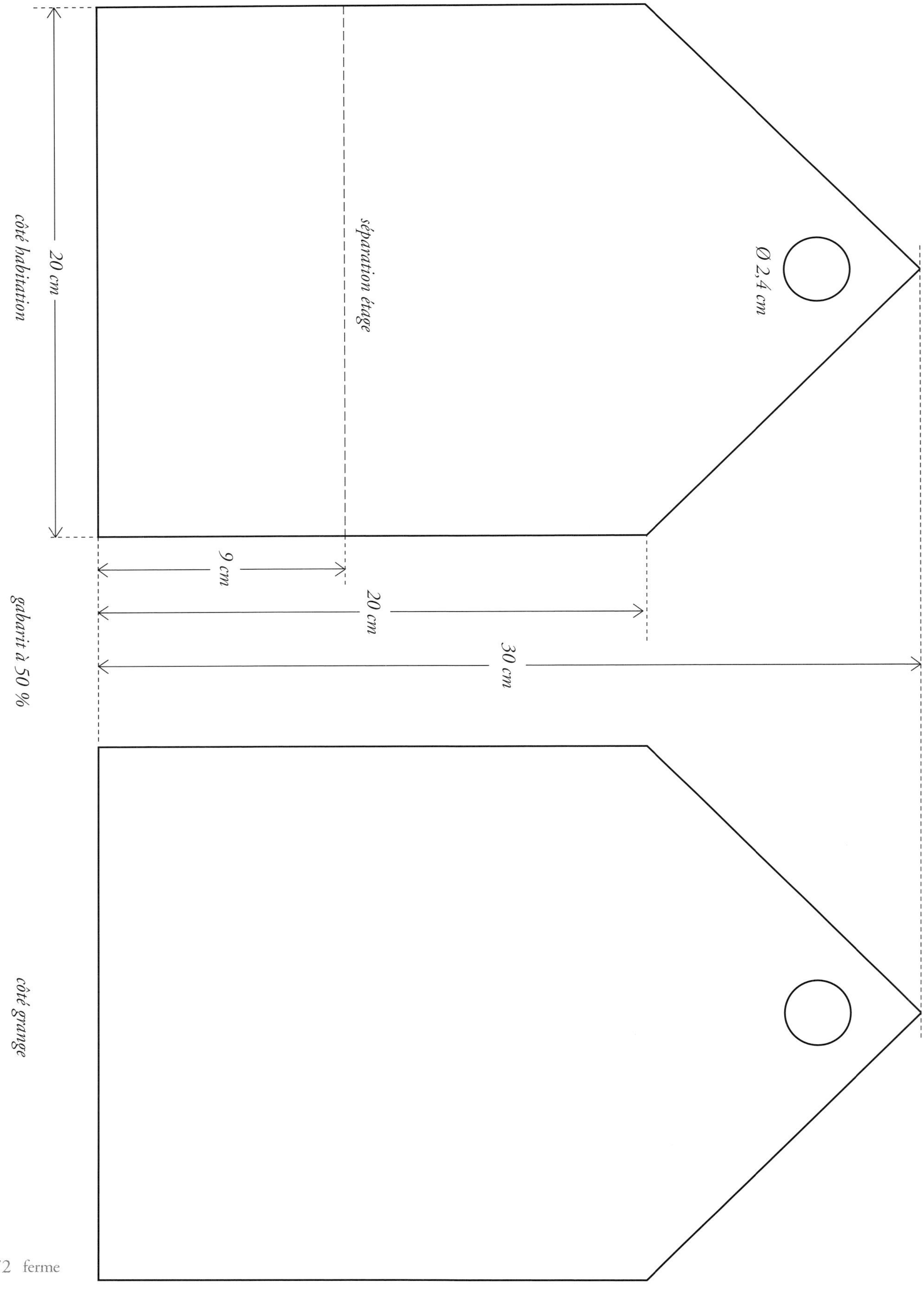
côté habitation
20 cm
séparation étage
Ø 2,4 cm
9 cm
20 cm
30 cm
gabarit à 50 %
côté grange

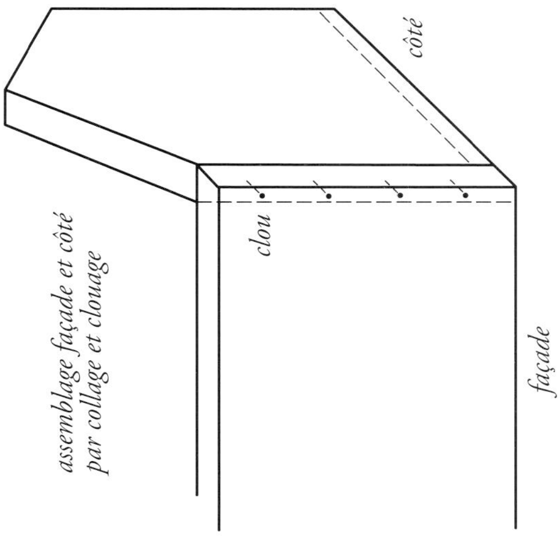

assemblage façade et côté par collage et clouage

assemblage du toit

plan de montage général

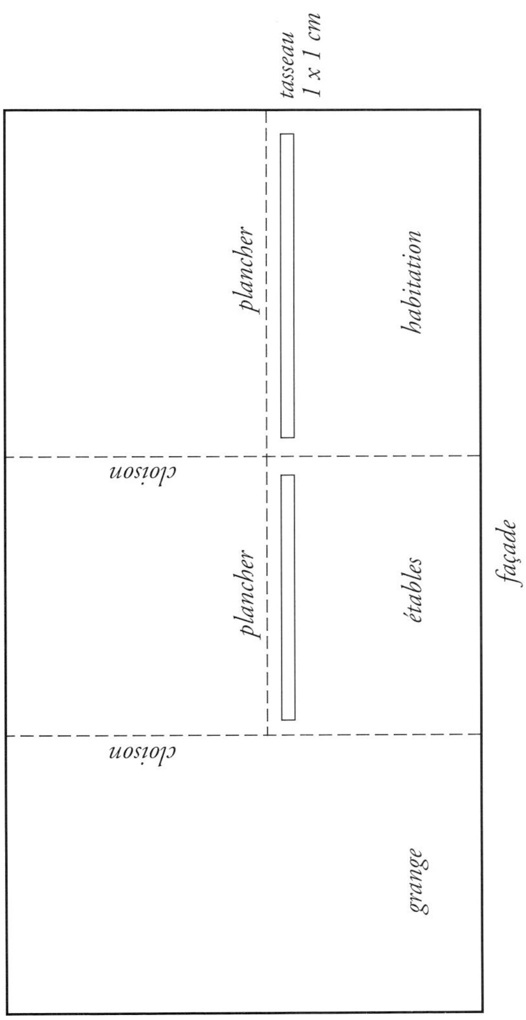

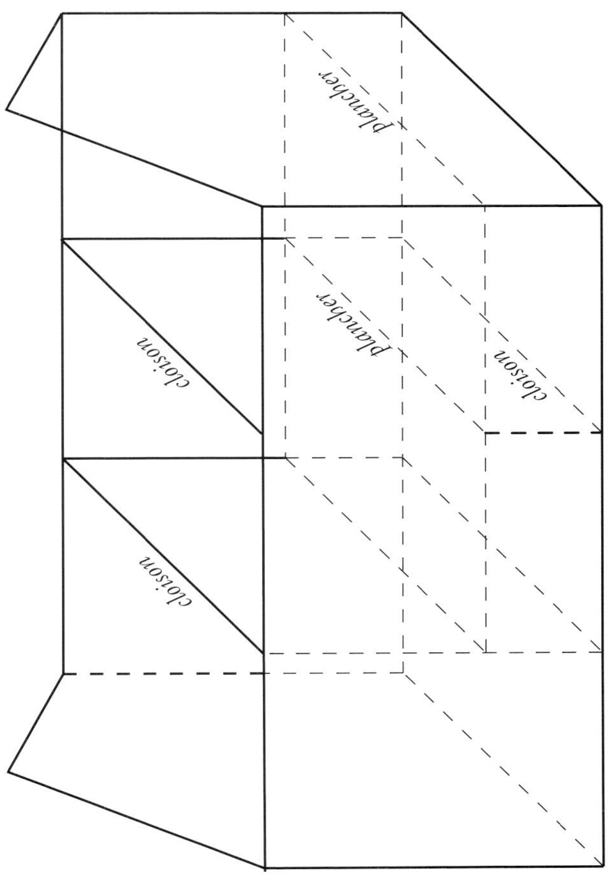

château fort

matériel nécessaire

- dans du contreplaqué de 10 mm :
  - 2 planches de 23 x 34 cm : murailles avant et arrière
  - 2 planches de 23 x 26 cm : murailles de côté
  - 8 planches de 11 x 30 cm : tours
  - 8 planches de 9 x 30 cm : tours
  - 8 planches de 13 x 6,5 cm : hauts des tours
  - 8 planches de 11 x 6,5 cm : hauts des tours
  - 2 planches de 26 x 3 cm : chemins de ronde
  - 2 planches de 34 x 3 cm : chemins de ronde
  - 1 chute d'environ 4 x 4 cm : pour la découpe des roues du pont-levis

- dans du contreplaqué de 3 mm :
  - 4 planches de 9 x 9 cm : planchers du 1er étage des tours
  - 4 planches de 11 x 11 cm : terrasses des tours
  - 1 planche de 48,5 x 57 cm : sol
- baguettes de section 10 x 10 mm :
  - 8 de 10 cm : assemblage des murailles et des tours
  - 2 de 34 cm : pose des chemins de ronde
  - 2 de 26 cm : pose des chemins de ronde
  - 8 de 8,5 cm : pose des planchers
  - 1 de 12 cm : arrêt du pont-levis
- 1 latte de 9 x 3 cm et 20 mm d'épaisseur : pour le mécanisme du pont-levis
- 1 tourillon de 6 mm de diamètre et de longueur 12 cm : pour le mécanisme du pont-levis
- 2 cordelettes
- papier de verre n° 80 et n° 120
- scie à chantourner
- vrille
- perceuse et scie cloche de diamètre 29 mm, mèche de 7
- clous sans tête de 1,1 x 16 mm
- marteau
- colle à bois à prise rapide
- peinture acrylique : noir et blanc
- pinceaux plats de 2,5 cm et de 1 cm

1. préparation

Photocopiez les gabarits en les agrandissant pour les avoir à taille réelle puis décalquez-les. Reportez-les sur les planches correspondantes.

2. découpage et montage

étape 1 : créneaux, murailles
À l'aide de la scie à chantourner, découpez les créneaux des murailles et du haut des tours puis les chemins de ronde.

étape 2 : tours
Découpez les planches des tours, et avec la vrille, percez un trou au milieu de chaque fenêtre et des portes qui se trouvent en hauteur pour pouvoir passer la lame de scie. Découpez le contour des portes et des fenêtres. Collez les lattes qui permettront de poser le plancher des tours.

étape 3
Poncez chaque pièce avec du papier de verre n° 80 puis n° 120.

étape 4
Assemblez les tours comme l'indique le schéma, en collant puis clouant.

Posez les planchers du 1er étage.

Encollez le haut des murs, posez les terrasses puis clouez-les.

Collez et clouez le haut des tours en faisant déborder chaque pièce de 1 cm sur le mur.

étape 5 : pont-levis
Percez avec la mèche de 7 la latte qui servira au pont-levis et collez-la au dessus de l'entrée, dans le château, juste sous le chemin de ronde.

Découpez à l'aide de la scie cloche 2 roues dans la chute de contreplaqué de 10 mm passez les tourillons dans la latte collez les roues à chaque extrémité du tourillon.

Attachez l'extrémité de la cordelette sur le tourillon, entre la roue et la latte.
Passez-la dans le trou percé dans la muraille, puis dans celui du pont-levis : la cordelette doit être tendue quand le pont-levis est baissé.

Faites un nœud à l'extrémité de la cordelette sur le devant du pont-levis.
Procédez de la même façon avec la seconde cordelette.

étape 6 : assemblage final
Collez et clouez sur les tours les baguettes qui permettront de fixer les murailles (voir photo p.75).
Collez ensuite les murailles puis les chemins de ronde.
Retournez le château. Collez la base des tours et des murailles, posez le sol puis clouez.

étape 7
Poncez l'ensemble du château avec du papier de verre n° 120.

3. peinture

étape 1
Ajoutez une pointe de noir au blanc pour obtenir du gris et peignez l'ensemble du château avec le pinceau brosse.

Laissez sécher, poncez puis donnez une 2ème couche.

étape 2
Préparez des nuances de gris en ajoutant progressivement du noir.

Peignez les pierres des murailles et des tours avec le pinceau brosse de 1 cm.

étape 3
Peignez le pont-levis en marron en mélangeant du rouge et du noir.

Laissez séchez puis poncez et redonnez une couche de peinture.

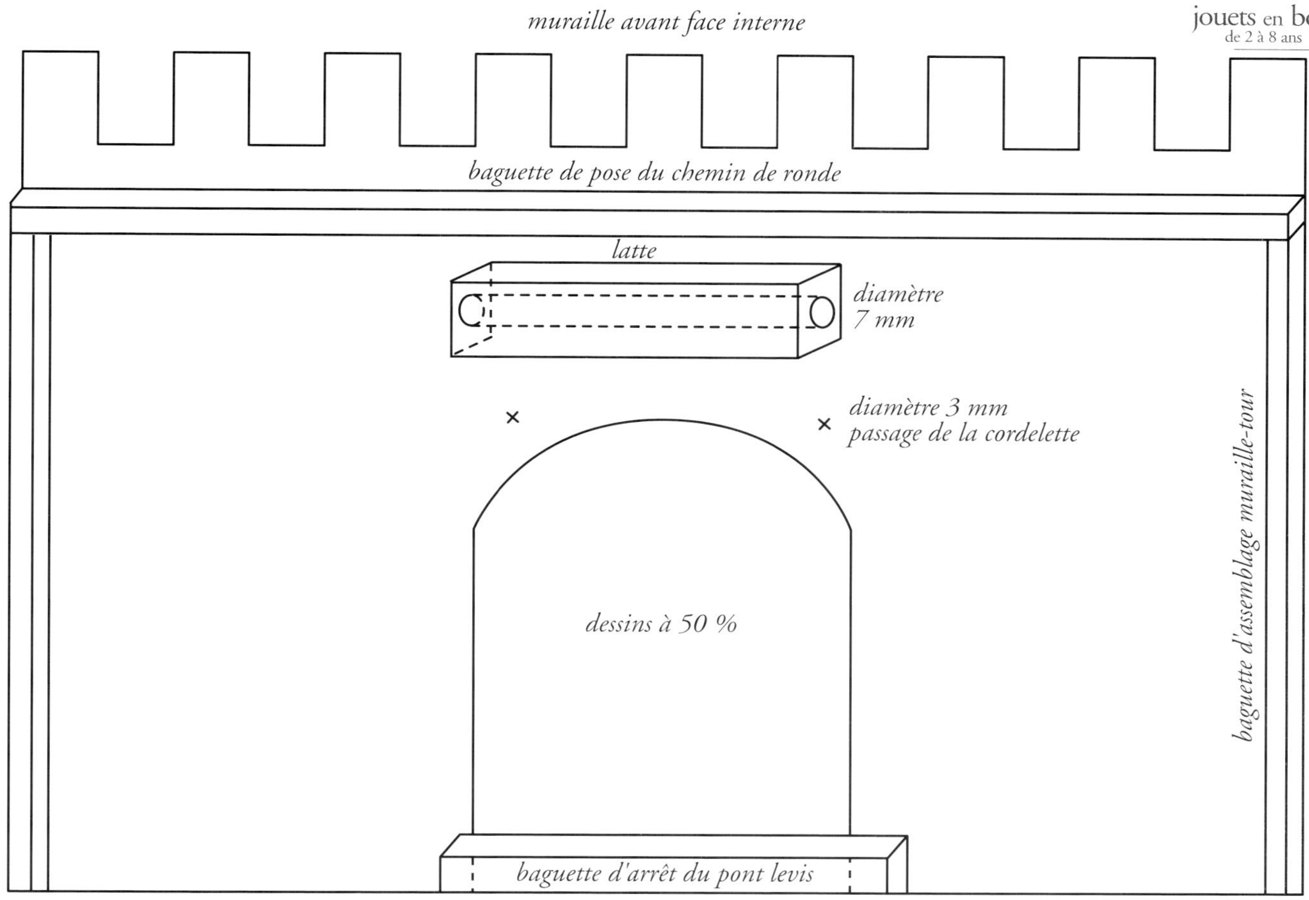
muraille avant face interne
baguette de pose du chemin de ronde
latte
diamètre
7 mm
diamètre 3 mm
passage de la cordelette
dessins à 50 %
baguette d'assemblage muraille-tour
baguette d'arrêt du pont levis

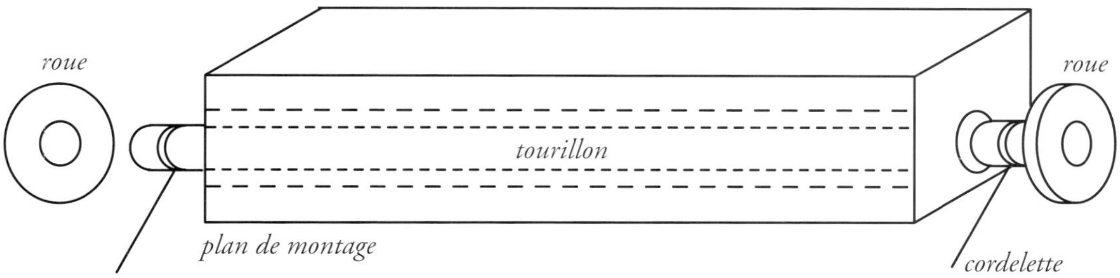
roue
tourillon
roue
plan de montage
cordelette

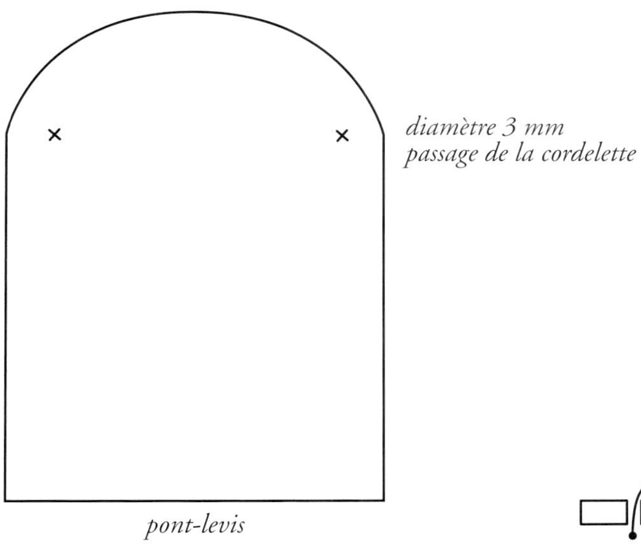
diamètre 3 mm
passage de la cordelette
pont-levis

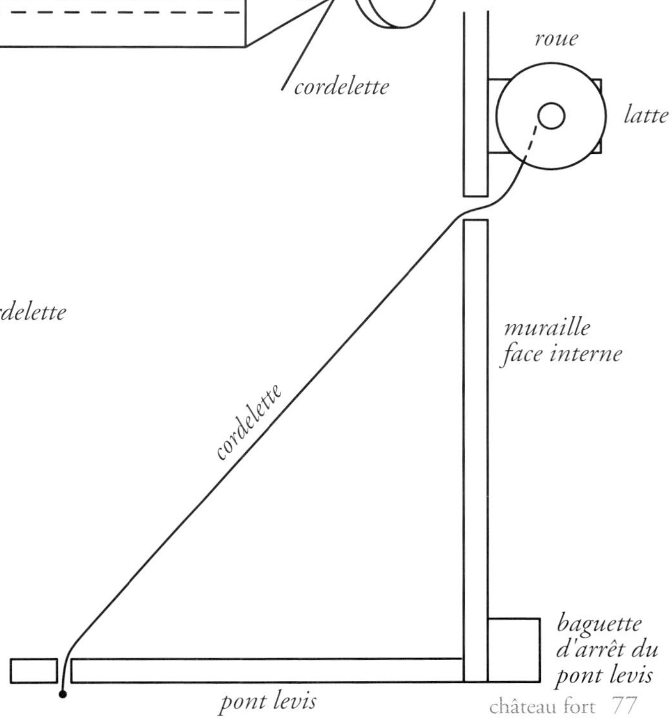
roue
latte
muraille
face interne
cordelette
baguette
d'arrêt du
pont levis
pont levis

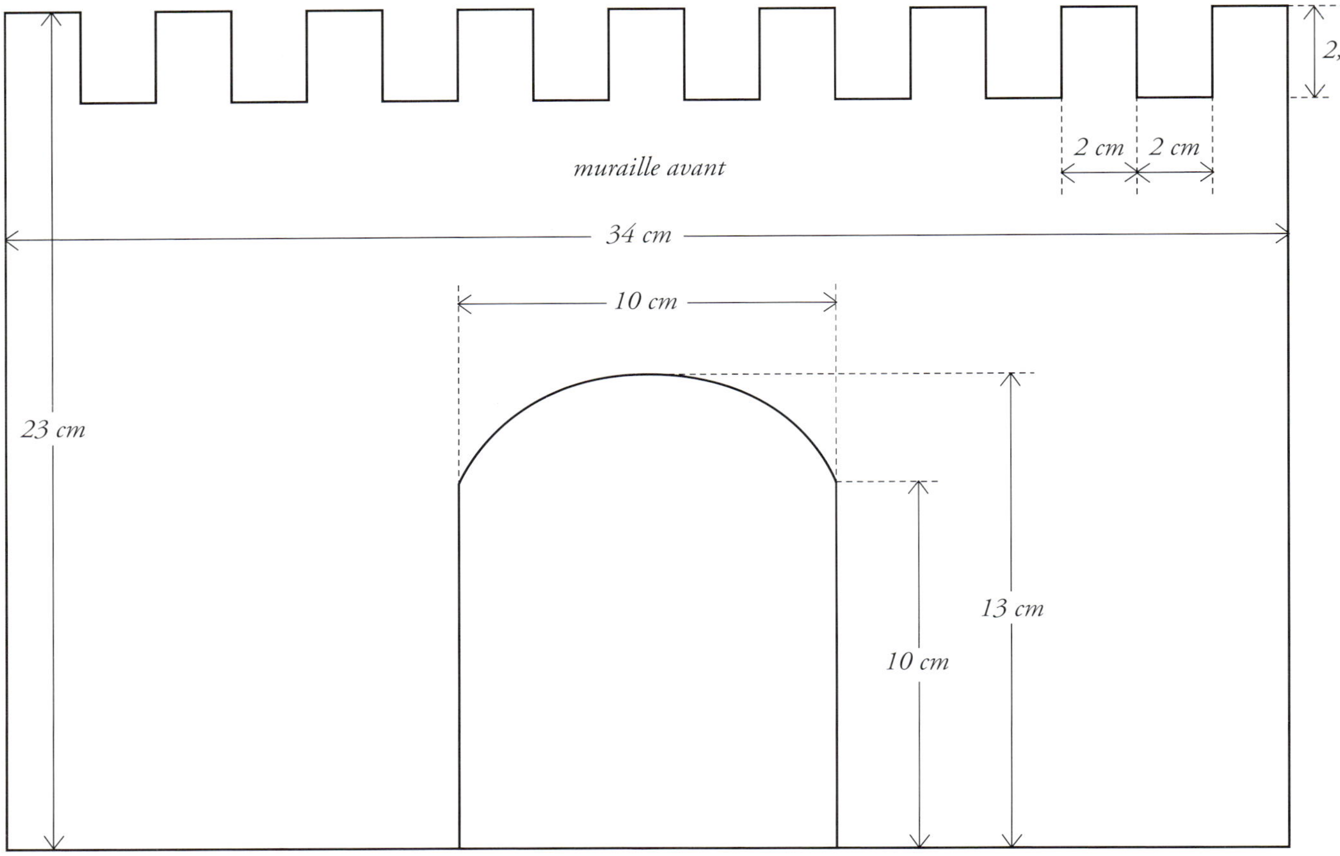
2,5
2 cm
2 cm
muraille avant
34 cm
10 cm
23 cm
13 cm
10 cm

gabarit à 50 %

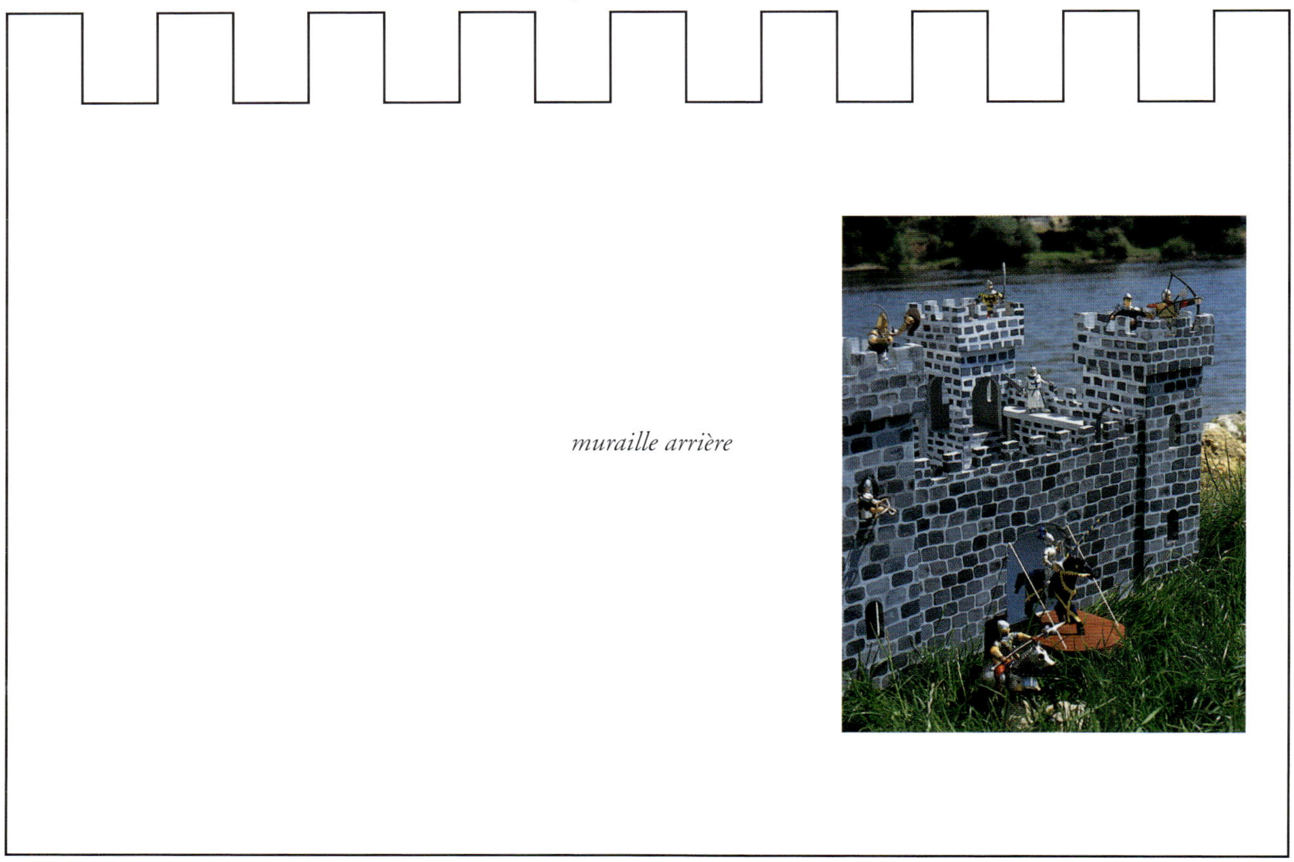
muraille arrière

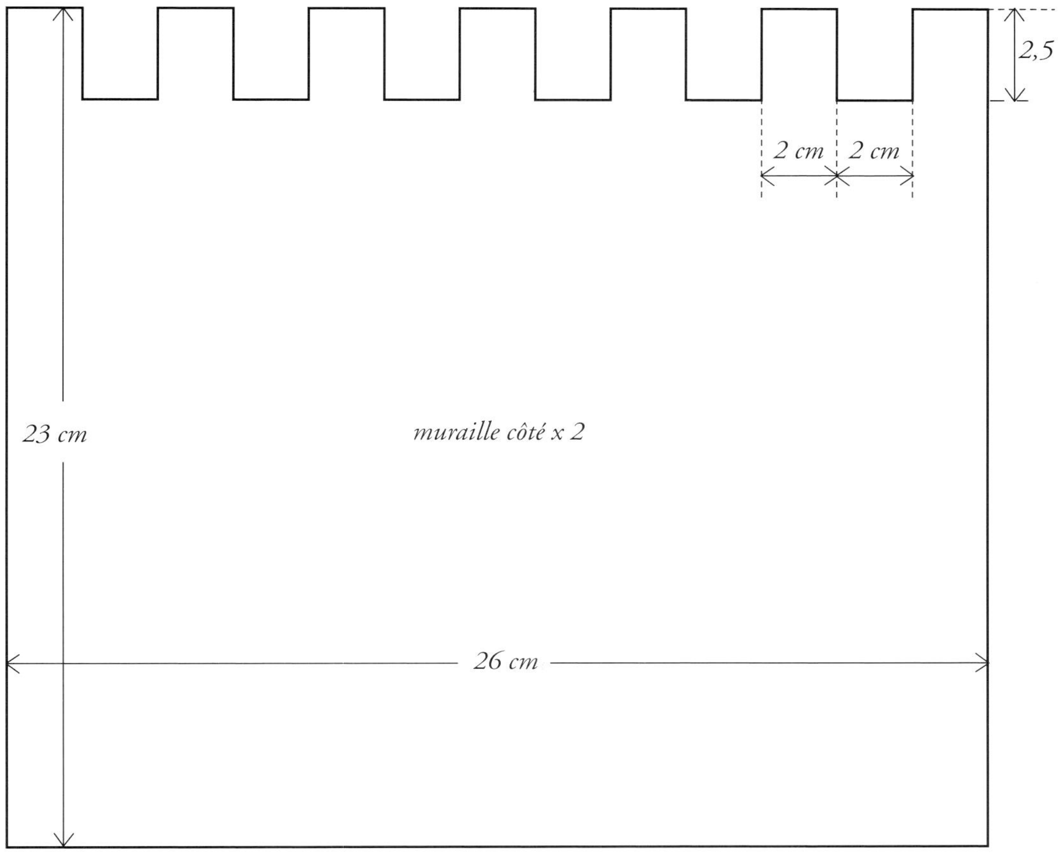

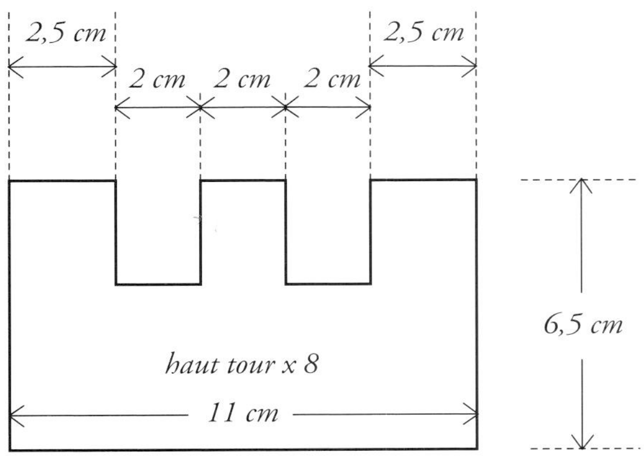

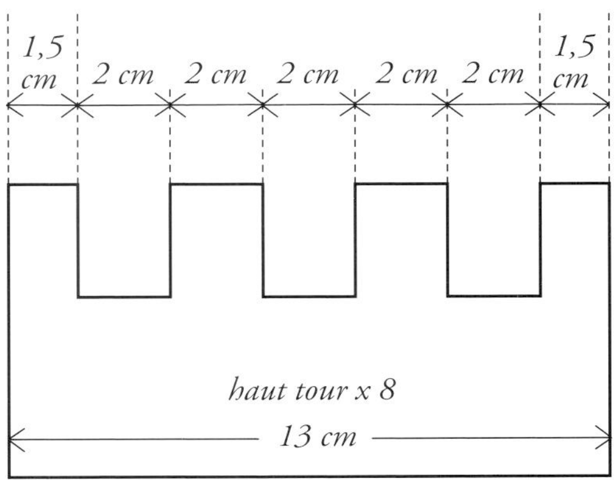

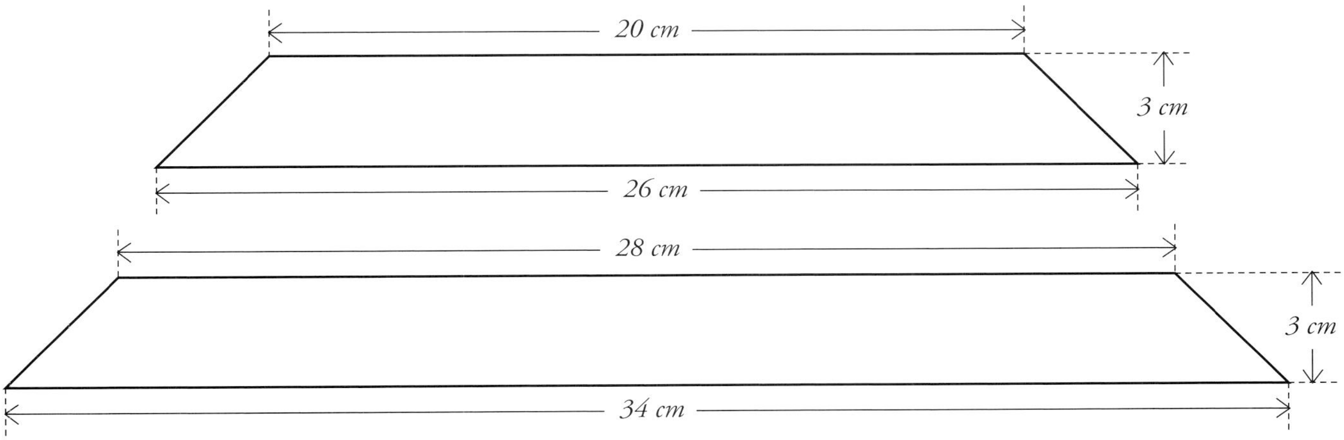

chemin de ronde

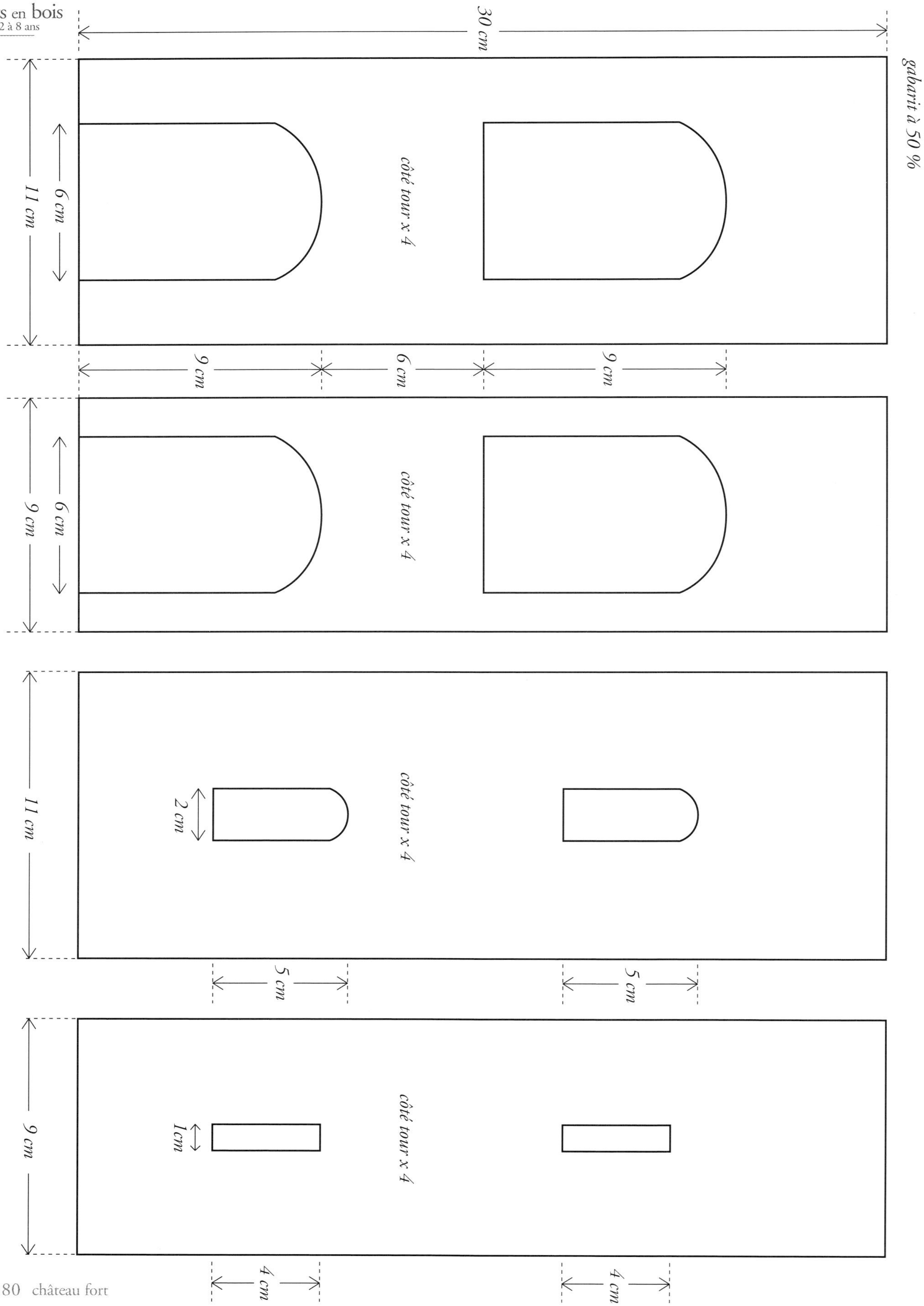
30 cm
gabarit à 50 %
11 cm
6 cm
côté tour x 4
9 cm
6 cm
9 cm
9 cm
6 cm
côté tour x 4
11 cm
2 cm
côté tour x 4
5 cm
5 cm
9 cm
1cm
côté tour x 4
4 cm
4 cm

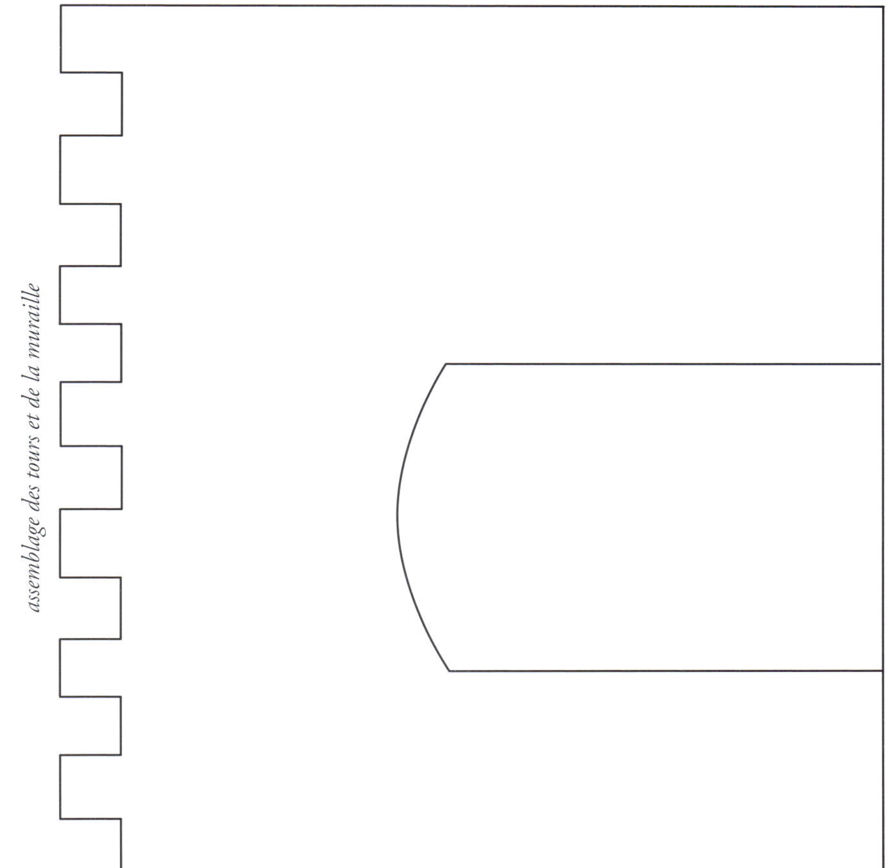
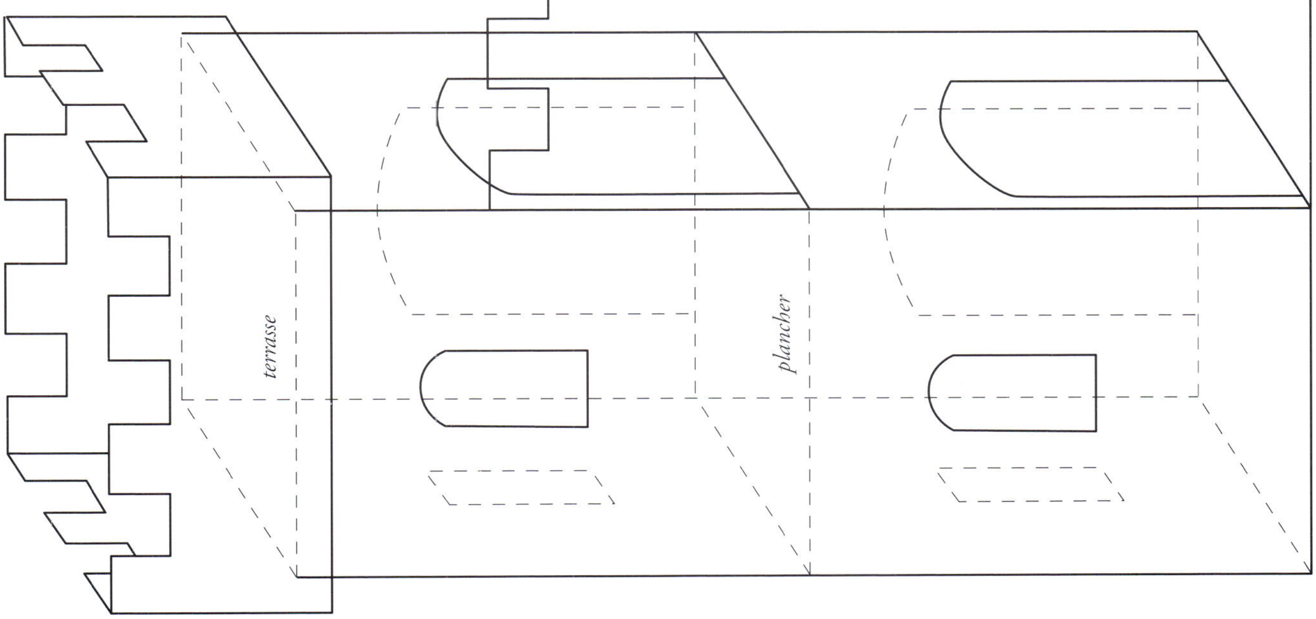
assemblage des tours et de la muraille
terrasse
plancher

cheval à bascule

matériel nécessaire

- planches de pin de 18 mm d'épaisseur : choisissez des planches de bonne qualité car elles sont faites de lames de bois collées et certaines, mal assemblées, ont tendance à se décoller.
  - 1 planche de 51 x 40 cm : tête et corps
  - 2 planches de 26 x 23 cm : pattes arrière
  - 1 planche de 41 x 20 cm : siège
  - 1 planche de 18 x 12 cm : dossier
  - 1 planche de 10 x 14 cm : renfort entre les pattes arrière
  - 2 lattes de 17,8 x 5,5 cm : fixations des pattes sur les bascules
  - 2 lattes de 71 x 6 cm et d'épaisseur 22 mm : bascules

- 1 tourillon de diamètre 24 mm et de longueur 20 cm
- vis à tête cruciforme de 5 x 50 mm
- tournevis à tête cruciforme
- scie électrique
- perceuse, mèches de 5 et 24 et fraise de 10 mm
- colle à bois à prise rapide
- peinture acrylique
- vernis acrylique incolore
- papier de verre n° 80 et n° 120
- pinceau plat de 2,5 cm
- pinceau rond n° 0
- serre-joints
- maillet

1. préparation

Photocopiez les gabarits à la taille réelle puis décalquez-les.
Reproduisez-les sur les planches correspondantes.

2. découpage

étape 1
Découpez chaque pièce avec la scie électrique en prenant soin de bien la fixer au plan de travail avec des serre-joints afin qu'elle ne bouge pas pendant la découpe.

bascule : le modèle proposé ne présente pas une forte bascule. Elle est conseillée pour des raisons de sécurité et a été testée avec de petits enfants (de 3 à 5 ans).

Vous pouvez cependant en faire une plus accentuée si vous le désirez, mais attention si vous accentuez trop la courbure, l'enfant peut passer par-dessus le cheval.

étape 2
Percez les emplacements des vis avec la mèche de 5.

Fraisez la face extérieure des pièces de façon à ce que la tête des vis affleure le bois.

étape 3
Percez l'emplacement du tourillon avec la mèche de 24.

étape 4
Poncez l'ensemble des pièces au papier de verre n° 80 puis au n° 120.

3. montage

étape 1
Collez le haut de la patte arrière droite sous le siège de façon à ce que les trous des vis correspondent puis vissez.
Faites de même avec la patte gauche.

étape 2
Collez le dessus et les côtés de la pièce de renfort sous le siège, placez la de manière à ce que les trous coïncident avec ceux des pattes et vissez.

étape 3
Posez le siège à plat sur le plan de travail.
Collez le bas des pattes arrière, posez la latte transversale correspondante et vissez.

étape 4
Collez le bas du dossier sur le dessus du siège puis vissez.

étape 5
Enfoncez à l'aide d'un maillet, le tourillon dans le trou réalisé dans la tête de façon à ce qu'il dépasse de manière égale des 2 côtés.

Collez le bas de la patte avant sur la latte transversale correspondante et vissez.

étape 6
Emboîtez la tête et le siège.

étape 7
Posez le cheval sur son flanc.
Faites correspondre les trous des lattes avec ceux de la bascule et vissez.
Faites de même pour l'autre bascule.

4. peinture

étape 1
Avec un crayon, dessinez de façon à peine visible, l'œil, le harnais, les sabots et les décorations.

étape 2
Avec le pinceau n° 0, peignez l'œil et le harnais en noir, la boucle en jaune.

Peignez les décorations et le siège en jaune et bleu.

Laissez séchez et passez un papier de verre n° 120.

étape 3
Avec le pinceau brosse de 2,5 cm, vernissez l'ensemble du cheval.

Laissez sécher, passez un papier de verre n° 120 et redonnez une couche de vernis.

bascule :
joindre les 2 parties
pour obtenir la
bascule complète.

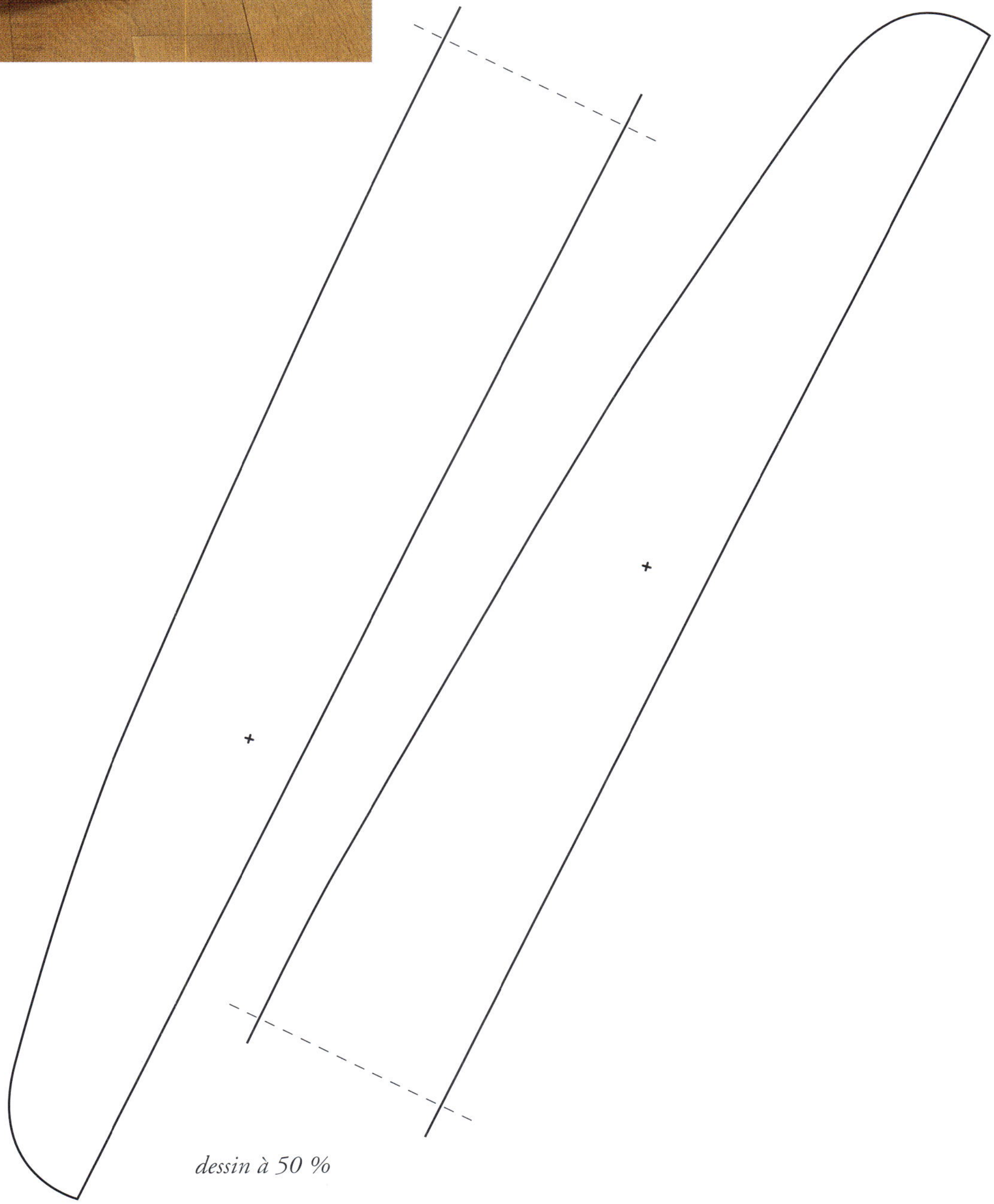

dessin à 50 %

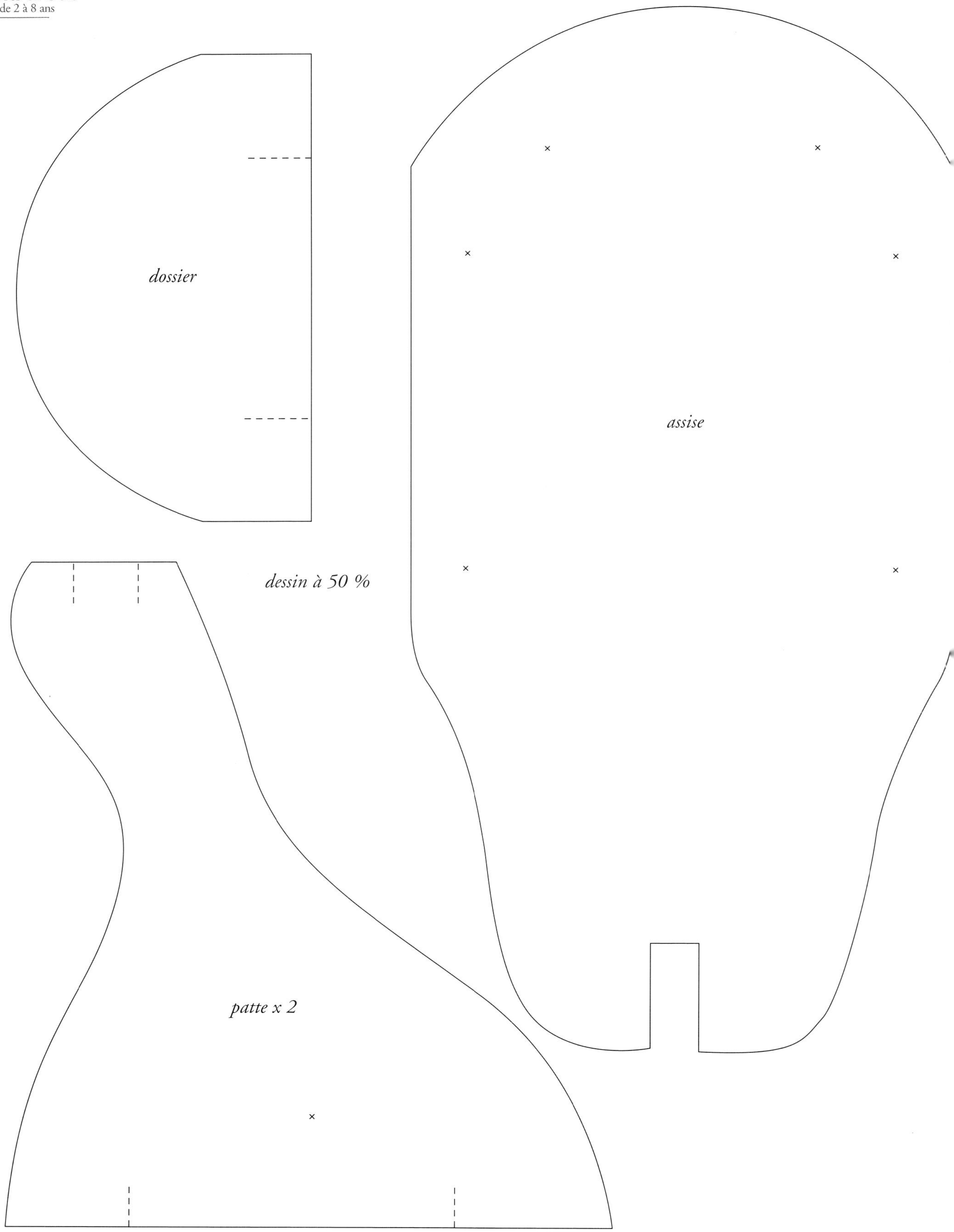
dossier
assise
dessin à 50 %
patte x 2

tête
pièce de renfort
dessin à 50 %

Remerciements

À mes parents qui m'ont offert mes premiers outils et mon premier établi. Ils m'ont aussi permis de concrétiser mon rêve de travailler le bois.
Aux membres de l'Atelier d'Ergothérapie de ABEJ Lille pour qui et avec qui j'ai créé mes premiers jouets en bois
À tous ceux qui m'ont encouragée dans cette belle aventure !

isbn 2-908894-58-0

6, rue Deguerry
75011 Paris
Tél : 01 40 21 35 42

conception graphique
studio gribouille

photographies
Julien Clapot

photogravure
Open graphic média

achevé d'imprimé en septembre 2004
sur les presses de l'imprimerie
Stige en Italie

dépôt légal
4ème trimestre 2004